ソーシャルワーカーという仕事

宮本節子 Miyamoto Setsuko

★——ちくまプリマー新書
192

目次 * Contents

プロローグ　ヨクミキキシワカリ（宮沢賢治）

ソーシャルワーカーは何をしているのか

あなたは、ソーシャルワーカーという職業をご存知ですか。名前ぐらいは知っているよという方、どんなイメージをお持ちでしょうか。

多分、多くの人はソーシャルワーカーという仕事の名前ぐらいは知っていて、そのイメージは、可哀そうな人や貧乏な人、障害のある人の相談相手になる仕事だということだと思います。

当たらずとも遠からず、です。

私たちは、生まれてから死ぬまでの人生を歩む時、さまざまな幸せな出来事や不幸な出来事に遭遇《そうぐう》します。幸せな時には恵まれたこの心や物質の豊かさをかみしめ、時にはそれを人と分かち合い、不幸せな時にはさまざまな手助けを得ながら持ち直して暮らしを立て直していきます。ソーシャルワーカーの仕事は、この〝手助け〟をすることです。

つまり、この社会で生きていく中である種の生きづらさに遭遇してそれを緩和《かんわ》したい、よりよく生きていきたいと人が願う時、ソーシャルワーカーの出番がきます。以下の例のような事態に陥った時、多くの人々は今まで営んでいた生活を維持、継続することが困難となり、立て直しへの解決の方途を模索し、あるいは根本的に新しい生活に適応して、新しいやり方を身につけなければならなくなります。

例えば次のような場合です。

1 失業、疾病《しっぺい》、老齢、障害等で、経済的に今までの生活が立ちゆかなくなった時
2 経済的には何とかなるが、疾病、老齢、障害等で、今までと同じような日常生活を過ごすことができなくなった時
3 高齢となり身体やメンタルな介護が必要になった時
4 離婚等で家族関係を再構築しなければならなくなった時
5 保護者がいなくなったり、虐待《ぎゃくたい》などをする不適切な保護者であったりする時
6 学校に居づらくなったり、学校へ行けなくなってしまった時

7　配偶者《はいぐうしゃ》から深刻な暴力を受けて今までの生活を維持できなくなった時
8　酒やギャンブル、薬物などに依存しなければ生きていかれなくなった時
9　地域社会の中で孤立している時
10　刑務所から出所したが生活の再建がうまくいかない時

とりあえずこれらの場合をその人の持つ生活困難性とか生活課題といっておきましょう。

自分だけで、あるいは家族、友人、知人の力を借りたりして、直面した生活の困難を自力で克服していく場合もあるでしょう。しかし、今まで蓄積してきた自分の智恵や人間関係の協力だけでは克服できなくなった時、ソーシャルワーカーが相談に応じます。

その人の抱えている生活困難な課題によってソーシャルワーカーが駆使する方法や手段は異なります。共通していることは、その人自身とその人が暮らしている環境の双方に焦点を当てて、その人と一緒に考え行動し、どうしたらこの困難な事態を緩和し生活の立て直しを図ることができるかを模索していくことです。

その人自身に焦点を当てるということは、直面している生活困難性の特性を明らかにしながら、その人が内在的に持っている生きる力や意欲を引き出す働きかけをして、しばし伴走しながら、支え、育てること。

その人の暮らしている環境に焦点を当てるということは、その環境がその人の生活をどのように阻害しているのかを見極め、その人にとって生きやすいような環境に調整すること。

重ねて言えば、ソーシャルワーカーの仕事の中核は、その人が直面した生活困難性を克服するために、その人を支え育てることと、その人の暮らす環境を耕すという二つの方向性を持つということにあります。

つまり、この仕事の特徴は、その人のみならず、その人が暮らしている環境をも視野に入れるという点にあり、ここが患者さん個人に焦点をあてる医療やいわゆる心理カウンセリングと違う点です。

ソーシャルワーカーがその人自身に焦点を当てる場合を考えてみましょう。その人はどんな生活課題を抱えているのか、それを克服するためにその人自身はどんな力を持っているのかを検討します。現在の困難な生活から抜け出すためには、その人自身も変わらなければならないかもしれません。どこをどのように変えれば現状から抜け出せるかを、一緒に考えます。

しかし、個人の努力ではどうすることもできない場合も多々あります。そのような時には周囲の環境そのものに働きかけて、周囲の変化を促す活動もします。その人が直面している生活困難性を解決するために、今ある法制度や社会的な仕組み、さまざまなネットワークなどにその人をつなげていきます。

このように、その人とその人を取り巻く環境に焦点を当てながら、利用できる社会的制度や仕組み、人と人、団体間とのネットワークなどを総動員して、その人の環境整備をする作業をします。

環境を見るソーシャルワーカーの視野の広さは、生活困難性、生活課題によって異なります。家庭内の人間関係という環境の場合もありますし、地域社会の人間関係や物理的な環境まで視野に入れる場合もありますし、広く社会福祉などの制度や施策まで視野に入れることもあります。

ここまで書いてきたように、ソーシャルワーカーの働きかけ方の特徴は、その課題がその人固有の課題ではなく周囲の環境とも密接に関連し、その人と周囲の環境との間の相互に影響されていると考えることにあります。自分が変わることによって周囲も変わり、周囲が変わることによって自分も変わるという関係性を重視するのです。

ソーシャルワーカーはどこにいるのか

それではソーシャルワーカーは一体どこにいるのでしょうか。

簡単に言うと生活上の困難を抱えている人たちが相談に来る場所にいます。相談内容は実にさまざまです。ざっと思いつくままに挙げるだけでも、ソーシャルワーカーが専門特化している相談範囲は、貧困問題、疾病、高齢者問題、各種の障害（身体、精神、知的などの障害）による生活問題、子どもの虐待問題、学校問題、薬物やギャンブルなどの依存症、ドメスティック・バイオレンス（DV）、司法関係、少年犯罪、など非常に多様です。したがって、これらの生活課題を抱えた人たちが相談にいく先は多様です。

その多様な相談先にソーシャルワーカーはいます。

まず、住民に最も身近な相談先として市区町村の役所や役場に福祉相談の窓口があります。福祉課、生活課、障害課、介護課、児童課など地方自治体によってさまざまな名称で呼ばれる部署があり、ソーシャルワーカーはそこに配属されています。市や区の場合はこの窓口の法的名称は福祉事務所と言われます。

各市区町村に必ず設置されている社会福祉協議会（地域の社会福祉活動を推進する拠点）にもいます。あるいは、病院や診療所にもいます。医師や看護師は病気の治療をしますが、病気によってもたらされる生活困難性には対応しないからです。全国に数万ヶ所にのぼる公営や民営の福祉施設にも、もちろん、います。高齢者やさまざまな障害者や子どもたちなどがそこを利用したり、暮らしたりしているからです。

この二十年ほどの間に急速に社会問題として浮上してきたのが、日本の高齢社会の問題です。日本では今まで世界中のどの国もが体験したことのない超高齢社会の出現によって、ソーシャルワーカーに求められる仕事の範囲は急速に広くなりました。高齢社会を支えるには、介護を必要とする老人に対するケアワーカーのみならず、その生活全般の調整を図る人、つまり、ソーシャルワーカーが必要です。なので、高齢者のための福祉施設や、地域で暮らしている高齢者に対応する地域包括支援センターと呼ばれる相談窓口にもいます。

また、かつて日本は一億総中流化と言われ、格差のない社会だと言われていましたが、高齢者問題が浮上するのと時を同じくして格差社会という問題が見えてくるようになりました。母子家庭、父子家庭などの一人親家庭、ホームレスの人々の問題やニートとなって職もなく漂う若い世代の問題が目に見えるようになってきたのです。ここでもやはり、ソーシャルワーカーの出番があります。市区町村などの基礎自治体を中心にして配置されます。

専門的な知識や技術を要する支援が必要な生活困難性を抱えた人々のためには、都道府県規模の行政単位で相談機関が設けられています。全国に約二〇〇ヶ所ある児童相談所がその代表格です。そのほかに、身体障害や知的障害、精神障害などの障害者のための専門の相談機関、女性特有の生活困難性を抱えた人のための相談機関等もあります。これらの相談機関の名称は、単独で設置されている場合と、各種の専門機関が合体して総合福祉センターといったり、精神保健福祉相談センター、などといったり都道府県によってまちまちです。〝子ども・女性・家庭・障害総合相談センター〟などと扱う対応課題を全部並べた名称のところもあります。

公的なもののほかに民間組織で先進的な取り組みをしている団体にもいます。例えば、薬物依存を克服するためのダルクという組織がありますが、ここにもアルコール依存やギャンブル依存に専門特化したソーシャルワーカーがいます。女性が性暴力被害に遭《あ》い、暮らす場所がなくなってしまった時に逃げ込む女性のための施設にもいます。取り組むべき新しい生活課題を発見し実践していくソーシャルワーカーは、民間の先駆的な動きの中に多くいます。

このようにソーシャルワーカーは行政や民間を問わず大小さまざまで多様な場所にいて、非常に多岐《たき》にわたる生活課題に取り組んでいるのです。

ではその職業はどのような名称で呼ばれているのでしょう。

医者は専門分野を肩書きの前に付けて、内科医とか小児科医などのように「医者」としか呼ばれませんが、ソーシャルワーカーは所属する場所によって実に多様に呼ばれています。市区町村にいるソーシャルワーカーは、窓口相談員、面接相談員、地区担当員、ケースワーカー、生活相談員、女性（婦人）相談員、母子相談員、など担当する分野によって呼ばれ方が異なります。病院などにいる場合は、メディカル・ソーシャルワーカー、英語の頭文字をとってMSW、精神病院の場合は、サイキアトリック・ソーシャルワーカー、略してPSWといいます。また福祉施設にいる場合は主として支援員と呼ばれています。児童相談所のソーシャルワーカーは、児童福祉司と呼ばれます。

こんなに多様な名称を並べられると頭が混乱しそうですが、相談者サイドから見れば、相談に行ったその専門分野でソーシャルワーカーとしての仕事をしてくれれば名称など二の次ということでしょう。

ソーシャルワーカーにはどのようにしてなれるのか

では、どこで学ぶのか、どのような資格があるのでしょうか。

ソーシャルワーカーになるには、基本的には福祉を学ぶ専門コースを開設している大学等の教育機関で学ぶ必要があります。

昔は現場で鍛《きた》えればいいという考え方もありましたが、現代の社会福祉の仕組みは煩雑で、また、生活課題が生みだされる家族背景や社会背景は非常に複雑多岐にわたっていますので、体系的に学ぶ必要があります。

この学びには大まかに二つの要素があります。

一つは、社会福祉の理念や思想を学びます。直接、他者の人生に関わる職業の根幹にかかわることとして、人としての人権や尊厳《そんげん》を守る原理原則について徹底的に学びます。もう一つは、福祉の理念や思想を実践するための具体的な方法や手段を学びます。人の人生に介入するさまざまな方法や技術とそのための手段として、社会福祉の仕組みや制度を包括的に学びます。

現在では、ソーシャルワーカーになるコースを持つ学校は四年制大学、短期大学、専門学校、合わせて約二八〇校あります。この二十年ばかりの間にぐんと増加しました。それは、日本が世界に類を見ないほどの速度で高齢社会が進行し、身体的介護をはじめとする高齢者の生活問題が非常に深刻になってきた、誰の目にも見えるようになってきたということと無関係ではありません。福祉を担う人材が今まで以上に必要だという社会的背景があって、政策的にも福祉を充実させていかなければならないという社会的合意があるからです。

大学や短大で他の専門分野を選んで学んだけれども途中で福祉の分野に進路変更したい人、福祉の現場ですでに働いているけれどももっと専門の教育訓練を受けたいと思う人、そういう人のために通信制による教育機関も用意されています。

専門のコースを持つ福祉の人材養成の大学や短大と並んで通信制の養成機関等を合わせると、全国でおよそ三〇〇あまりのソーシャルワーカー養成の教育機関があります。

さて、ソーシャルワーカーとしての資格の問題に進みましょう。

国家資格として、一九八七年に制定された社会福祉士と一九九八年制定の精神保健福祉士とがあります。社会福祉士は広く一般的な生活相談を中心にしますし、精神保健福祉士は主として精神保健分野で精神障害者の精神病院からの社会復帰や地域での生活を支える働きをします。福祉専門職のこれらの資格は、国家資格としては比較的新しい資格制度です。

これらの資格は〝名称独占〟と言われています。医師や弁護士の資格は〝業務独占〟の資格と言って、資格がなければ、医師や弁護士としての仕事をすることができません。それとは異なってソーシャルワーカーは、社会福祉士・精神保健福祉士という国家資格がなければ仕事ができないということはありません。ただ、資格がないのにこの名称を肩書に使用できないという制約があります。そういう資格です。この〝名称独占〟という資格制度は制度としては未成熟なものであることは否めません。しかし、数千年の歴史を持つ医者や弁護士などの専門職と違って、ソーシャルワーカーが職業として誕生したのはたかだか百数十年ほど前の話なのですから、専門職としての学問的確立や社会的地位の確立は、まだまだこれからという発展途上にあります。

ただ、資格問題に関して言うと、ソーシャルワーカーの仕事の現実的な特徴として、人々の日常生活に密着した相談に応ずるので、生活課題によっては日常的な対応で済ませられる内容から極めて高度で専門的な知識や技能を求められる分野まで、その仕事の質や幅は極めて広いということが挙げられます。日常的で簡単な生活相談に重装備な知識や技能は必ずしも求められないのです。

　したがって現状では、ソーシャルワーカーの仕事をするには、特別な資格を持っていなくてもその職場の任命権者がソーシャルワーカーとして採用してくれれば誰でもソーシャルワーカーになることができます。逆に言えば、資格の有無ではなくて現実にその職に就職して初めて、ソーシャルワーカーとして働くことができるのです。

　そんなにあやふやな資格では役に立たないのではないかと思うかもしれません。しかし、特に医療分野ではソーシャルワーカーを募集する際に国家資格所持を条件にしている病院や診療所が増えていることも事実です。重装備の知識や技能を必要とする職場だからです。また、就職してから通信教育等で専門教育を受け資格をとることを奨励する職場も増えています。福祉職採用の際にも資格所持を条件にしている地方自治体や福祉施設が増えてきています。特に児童福祉の分野では国家資格所持を求められるようになってきています。深刻な児童虐待問題に対応するには重装備な知識や技能が必要だからです。

　いずれにしても、ソーシャルワーカーにあまり資格が要求されなかった過去の歴史を考えると、その仕事の重要性の社会的認知がようやく得られるようになってきたということでしょう。

社会福祉士や精神保健福祉士の国家資格を得るためには、国家試験に合格しなければなりません。受験資格取得のルートはいくつか用意されています。基本は四年制大学の所定のコースを履修することです。一般大学卒業後、現場に出て何年かの実務や経験を積んだ後、働きながら通信教育を受けることによって得られる途《みち》もあります。

ソーシャルワーカーにとって大切なこと

最初は人の役に立つ何かをしたいと思い、職業としてソーシャルワーカーというものを知る。そして専門の教育機関に進学し学びはじめた若い人たちは、そこでおそらく、現代社会が抱えている生活困難性はとんでもなく多様だということが分かってくるでしょう。このようにして学ぶうちに、子どもを対象にしたいのか、大人を対象にしたいのかなど、自分の興味や関心、あるいは適性を見つけることができると思います。

数多くある職業の中で、特に人が好きだと思う方、人が生きていることについて好奇心や興味がある方、人との関係をつくっていくことに喜びを感じられるような方、何か人の役に立つようなことをしたい、人に親切にしたいと思っている方にとっては、ソーシャルワーカーという職業はとてもわくわくできて素晴らしい仕事なのだと思います。

だって、これからお話しするように、ソーシャルワーカーは、本当に起伏に富んだ人生を歩み、しかもどん底にありながら粘り強く生き抜いている人と出会い、いっときはその人の横を伴走して、その人と人生の歩みを共にすることができるのですから。

この本での話題の中心は、ソーシャルワーカーが対象とする人への働きかけについて、個人の人生へどう介入するか、個人と社会をどうつなぎ直すかに焦点を絞ります。なお、ソーシャルワーカーの仕事には、あとで触れるように社会に対する働きかけ（ソーシャルアクション）もありますが、それはまた別の機会に譲ることにして、今回は詳しく触れないことにします。

生身の人の人生を対象とする仕事ですから、理念的にはその人に寄り添うことと基本的人権や尊厳を守ることとが求められます。理念は抽象的な概念です。その人に寄り添うこと、守ることとは具体的にどのようにすることなのでしょう。冷たく突き放すように見えることが真に寄り添ったり、守ったりすることになる場合もあるでしょう。一緒に涙することが寄り添ったことになる場合もあるでしょう。寄り添うこと、守ることという理念をその人の状況に合わせて具体化するには、長い修練と研鑽《けんさん》を必要とします。プロのソーシャルワーカーになるためには、理念を実践として具体化する長い道のりが必要です。

冒頭に掲げた宮沢賢治の有名な詩、「雨ニモマケズ」の一節はソーシャルワーカーの真髄《しんずい》を表していると思うので、私は好きです。

生活困難性を抱える個人を前にした時のソーシャルワーカーにとって、大切なことは、目の前にいるこの人は、今、何に困っていて、何を訴えようとしているのか、どのような状況に置かれているのか、耳を傾け、目を凝らして、聞き取り、見てとり、そして、想像力を巡らせて理解することだと考えています。

ヨク見……この人はどのような人なのかよく見、観察する

言葉でしゃべっていることが伝えていることのすべてではありません。息子の非行で

呼び出されたお父さんが見るからに暴力団員そのものという格好で私の前に座る時、フツーにできない理由を考えます。ファッションしかり、語調しかり、表情しかり、どの人であれ、見て取らなければならない点は満載です。ワーカーの見る目、見る力が問われます。ワーカーの目が節穴であれば、言葉以外に沢山のことを伝えているのにキャッチできません。

聞キ……この人は何を言いたいのか、訴えたいのか、聴き取る

伝えられた言葉だけで判断したらとんでもない間違いをすることだってあります。人はしばしば本当に自分の願っていることを押し殺して、世間的に通用しやすい建前をあたかも自分が願っているかのような顔をして訴えることもあるのです。人の気持ちは複雑で、どれか一つに整理することなどなかなかできないものです。その人とともに今必要なこと、将来必要となることなどを見極めていきます。

その人の生活の事態が混乱していればしているほど、自分の状況を整理して何に困っているのかを他者に分かるようには伝えられません。来談者の話は四方八方に拡散し、何が何だか分からないことがよくあります。特に高齢者の場合はそうです。

この聞くという作業はとても忍耐と時間が必要です。仕事量（対応しなければならない来談者数）と時間との闘いにもなる場面です。じっくり聞くことと端的に話の本質を見極めることという、一見矛盾した作業が強いられます。

分カリ……この人の訴えたいことを総合的に理解する

知的な理解にプラスして想像力が試されます。

混乱した話の中から真にその人が必要としていることを取りだす作業が必要です。この「その人が真に必要としている相談内容」を主訴《しゅそ》と言います。人はしばしば、表向きに相談を持ちかけてくる事柄とその人が本当に必要としていることとが異なる場合があります。そんな時に、表向きに言っていることだけに着目して、対応するととんでもない間違いを犯すことがあります。恐らく、ソーシャルワーカーをしてきた人で、主訴を取り間違えた苦い経験をしていない人はいないでしょう。

想像力が試されると言いましたが、他者の人生は多様で私の乏しい想像力などはるかに超える場合があり、理解しがたくて絶句することもあります。そんな時にはその人自身から学んだり、先輩や同僚、文献から学んだりする以外にありません。

以上の詩句には、〝ソシテワスレズ〟のフレーズが続きます。

これを私流に解釈すれば、この人の生活課題を解決する筋道は、今は、見つからなかった。しかし、必ずその方途《ほうと》を見つけよう、あるいはその方途がなければ新しく作ることを考えようということだと思います。そういう姿勢が、ソーシャルワーカーには大切だと思うのです。いつもいつもきれいに解決するとは限らないし、様々な状況、条件のなかでうまくいかない事のほうが多いかも知れません。今ここに来たこの人の役には立たなかった。でも、役には立たなかったそのことを決して忘れないでおこう。次に似たような相談を持ちかけられた時にはもう少しうまくやれるかもしれない。その人の主訴に対応するような社会制度や仕組みがないならば、そのような制度や仕組みを作ることを考えていこう。その意味で、〝ソシテワスレズ〟は非常に重要なことです。

ソーシャルワーカーには、職業的に自分が聞いてしまった、知ってしまった、見てしまったことについて大きな責任があります。相談に来たその人には直接に返すことができなくても、同じような課題を抱えている次の人に役立てられるように社会の仕組みや制度を変革するのも大切な仕事のうちです。

この本では、まず、第1章でソーシャルワーカーが対象とする人々は、どのような人々がコアになるのかを押さえておきます。その上で、第2章では、私が実際にどのような人にどのようなかかわり方をしたのかを語ります。さらに、第3章で、ソーシャルワーカーとしてどのような知識・技能をもとにして対応したのか、第2章第1話で語られているエピソードを中心に分析してみましょう。また、私がソーシャルワーカーとして駆け出したのは一九六〇年代後半のことで、取り上げているエピソードの時代背景は随分昔のことになります。今日では、ソーシャルワーカーの活動範囲がどのように広がっているかを最後に第4章でふれておきたいと思います。

本の構成をこのようにすることによって、私という一人の人間がソーシャルワーカーとして四苦八苦しながら、自分では処理しきれない生活課題を抱えて苦しむ人やその人を取り巻く環境と向き合った活動を伝えます。そして、若い方々にソーシャルワーカーの仕事の魅力や面白さを伝えられたらと願います。

第1章

ソーシャルワーカーが対象とする人々

医者は人の命を預かる大切な仕事だとよく言われます。そのひそみで言えば、ソーシャルワーカーは人の人生に関与する大切な仕事です。

ある大都市に設置されたホームレスの人のためのシェルター（一時保護所）で、面接をした時の話を紹介しましょう。

人生を見直すきっかけをつくる

そのシェルターには、シェルター管轄《かんかつ》区内の行政機関に設置された福祉の相談窓口、すなわち福祉事務所を通じて、利用希望のホームレスの人がやってきます。原則一ヶ月で最大二ヶ月の間に今後の身の振り方の方針を立て、保護をした福祉事務所の所在地域にその見通しを持って戻り、生活再建に取り組みます。生活再建の見通しを立てるための面接をアセスメント面接と言いますが、私はこれを担当していました。

今まで家もなくさ迷っていた人が生活の拠点を確保してもう一度暮らしを立て直すために、①あなたは今までどのように生きてきたのか、②今後どうしたいと考えているのか、③その場合、あなたはどのような社会制度・社会資源を利用することができるのか、

④あなたはどんなことができるのか、苦手なことは何なのか、⑤あなた自身はどんなことをしなければならないのか、などを一定の評価基準に従って事細かく聞き込み、話し合いをします。午前中この話し合いを持ち、昼休み中にだいたいの整理をして、午後補足の話し合いをし、アセスメントシートを仕上げます。アセスメントシートとは十枚近くからなる公式の記録です。これが福祉事務所に回されていき、この人の生活再建の指標になります。医療でいうカルテに相当します。

そして、夕方、三回目の最後の面接をします。ソーシャルワーカーが書きあげたアセスメントシートを本人に読んでもらいます。

「今日一日かかってあなたと私とで作り上げた今後の生活再建の見通しなので、その当事者であるあなたに、今後自分がなすべきことを一番理解してもらわなければなりません。本日最後の大切な作業です」

私の聞き取りや理解で、間違っているところや書き足りないところを指摘してもらいます。

ソーシャルワーカーが最も緊張する大切な時間です。

記録には、過去の職業生活を中心にした生活の振り返り、本人の行動特性などが書き込まれているので、当人にとっては見たくない、ふれたくない、いやな事も書かれています。甘い優しい事ばかりでなく、極めて厳しいことも書き込まれているのです。

自分のことがどのように書かれているのか、誰でも食い入るように真剣に読みます。聴き取るべきことを聴き取っているか、それをもとに立てた見立ては本人の納得のいくものであるか、などソーシャルワーカーの力量が目の前で試される時です。

こんなものを書きやがって、と破り捨てられたり、放り出されたりする可能性だってあるのです。今朝出会ったばかりの人で、実は名前だって本名かどうか分かりません。言っていることは嘘《うそ》八百かもしれません。しかし、今のこの面接が、定まった生活拠点がないホームレスの状態から抜け出す数少ないチャンスの場面です。この機会をどう生かすかは本人に掛かっているのです。嘘が混じっていてもかまいません。真実はホームレスの生活状態を抜け出したいとどれだけ願うか、そのために数少ないこのチャンスをどれだけ生かしたいと願っているか、願いをソーシャルワーカーがどれだけ汲《く》み取れているかにあります。

ある時の夕方の面接でした。

その人は書類に目を通しながら突然声もなく涙を滂沱《ぼうだ》と流し始めました。まったく予期していない反応だったので呆気《あっけ》にとられて何か大きな失敗をしたのかと狼狽《ろうばい》しました。

「僕は今までこんなに丁寧に僕の話を聞いてもらったことがなかった……。失敗もした……。悪いことも一杯あった……。ここに書いてあるとおりの人生でした」

私のしたことは、生活再建の見通しを立てるため、数時間にわたり彼の話を聞き、それを数枚の紙に整理しただけです。

今朝出会ったばかりの、私というまったく見ず知らずの第三者が自分の話を聞き取ってくれて、その第三者によって書かれた生活再建指針は自分にも十分納得のいくものだった。そのことに驚き、感動したのでしょう。他者が丁寧に聞き理解してくれたことにより、自分の人生を振り返り、この先、生きていくための希望のようなものをほのかに見出せたと感じたのではないでしょうか。失敗だらけの人生だったけれども、まだまだやり直しが効きそうなことを、自分の過去や現在を第三者に語ることで見つけることができた、自分の生活課題が整理された、その喜びや驚きや感動が混じりあった涙だったのだろうと思います。たった数時間の出会いだったけれども、他者が深く自分の人生に関心を寄せ、自分というものを理解してくれた、自分にもまだできそうなことがあると見つけてくれたと……。

ソーシャルワーカーはこのように、他者の人生に深くかかわる場合のある仕事です。その人が本来持っている潜在的な復元力にそっと力を添えて立ち直りやすくする、それがソーシャルワーカーの仕事だと私は考えています。非常に困難な状況の中で荒れ狂い、自分も他人をもめちゃめちゃに破壊してしまうような力を行使している人の中に、かすかに残された本来の復元力、よりよく生きたいと願うエネルギーを見つけて、そこに働きかけるとともに、周囲の環境を調整したり利用できる社会制度を探したりします。うまく見通しどおりになった時の喜びはたとえようもありません。

残念ながらこの喜びはめったにありません……。だから、やりがいのない仕事なのではなくて、だから、やりがいのある仕事なのだということを強調します。どのような仕事であれ、克服した困難が大きければ大きいほど、達成した時の喜びは大きいのではないでしょうか。

守備範囲は非常に広い

さて、ソーシャルワーカーが社会の中でどのような役割を果たしているのかを考えてみましょう。

プロローグで、ソーシャルワーカーについて抱く一般的なイメージとして、可哀そうな人や貧乏な人、障害のある人の相談相手になる仕事だと思われているけれども、当たらずとも遠からずだと述べました。

当たっていないというのは、ソーシャルワーカーの仕事の守備範囲は非常に広いという意味で当たっていないのです。遠からず、そんなに間違ったイメージではないというのは、例にあげたような生きづらさ、生活課題を抱えた個々人の相談に応じているという意味では、その通りなのです。

私たちの社会はさまざまな仕組みと構造を持ち、その中で個人は収入や職業や家庭・居場所を得て生きています。しかし、さまざまな理由で、そうした社会の仕組みの中にきちんとした居場所や生活手段を見つけられず、生活困難に陥っている人々がいます。

このような人々に居場所や着地点を見つけ、もう一度社会の中に取り戻そうとする、それが社会福祉の重要な仕事のひとつであり、ソーシャルワーカーもその一翼《いちよく》を担っています。

だから、ソーシャルワーカーの仕事の対象範囲は、ある種の生活課題を抱えた個人を対象とする仕事から、グループや集団、地域社会、施設の管理運営のあり方、個々の生活問題をより広く社会の問題として提起する社会運動や社会活動の展開まで、多岐《たき》にわたります。

集団を対象にするというのは、例えば、薬物依存症の人たちのグループ活動を考えてみましょう。一人ではなかなか薬物依存から抜け出せないのですが、集団の力や団結力、友愛を通じて依存から脱出する手助けをします。その目的によって様々なグループを意図的に作って、グループの力を使いながら、生きる力をつける活動をソーシャル・グループワークといいます。各種の病院や診療機関、相談機関、社会福祉施設、NPO法人など多数の場に用意されています。

または、地域社会そのものに目をつけて、どんな社会資源や人々を配置すればその地域はそこに住む人々にとってより生きやすい地域になるかを考え、実行する活動があります。この仕事を担うソーシャルワーカーをコミュニティ・ソーシャルワーカーといいます。例えば、その地域の一人暮らしのお年寄りが生活しやすくするためには、その地域の障害者が暮らしやすくするためには、どのような仕組みを地域の中に取り入れればいいのかなどを考えます。この仕事は、主として、社会福祉協議会などに配置されているソーシャルワーカーやＮＰＯ法人が担っています。

ソーシャルワーカーとしてどこの職場で仕事をしようとも社会の矛盾には直面せざるをえません。もともと社会福祉というものは、その社会がすでに用意している機能や制度だけでは生きていきにくいものを抱え込んでしまう人々、社会の矛盾を背負って生きる人々を対象に、その人々をいかに社会の中に包含するかという発想で発展してきているものだからです。

仕事の中で法や制度の矛盾に直面した時どうすればいいのでしょう。黙って見過ごし、自分の守備範囲をきちんとこなすという選択肢だって、もちろん、ありです。けれども、この矛盾を何とか解決したい、と考えた時、一人では立ち向かえない。そこで、広く社会に呼びかけ、その問題を共に考える人々を掘り起こし組織化し、問題解決のための方策を探る活動につなげる場合もあります。ソーシャルワーカーが起こすこの活動をソーシャルアクションと言います。

このようにソーシャルワーカーの守備範囲は広く、対象や目的によってさまざまなレベルや方法があります。けれども基本は、社会生活維持が困難になっている人々の手助けをすることに変わりはありません。

対象とする人々はだれか

次に、ソーシャルワーカーが対象とする、コアの人々の特性についてふれておきましょう。

社会福祉はもともと生活に困窮《こんきゅう》した貧しい人々の救済を主眼に置いて発展してきました。しかし、人々が生活の困難に直面するのは、経済的に貧しいことだけが原因ではなく、他の要因によってももたらされることが分かってきました。そのいい例が日本の超高齢社会における介護の問題です。

老人ホームは貧しい老人たちを救済するためにできてきた社会福祉施設ですが、介護を要する老人は貧しいとは限りません。ごく普通の生活をしている人でも介護を必要とする状況になれば、本来貧しい人々のためのものであった福祉施設の特別な機能、介護の機能を利用したくなります。家庭内だけではカバーしきれないからです。

現在、福祉の対象は限りなく全ての国民に拡散してきています。みんなが幸せに生きるという意味合いにおいて、社会福祉の対象は全国民であることは正しい。その上で、ソーシャルワーカーが対象とするコアとなる部分はどこにあるかを押さえておきたいと思います。

ソーシャルワーカーの働きかけの中心となる人々を、私の経験から分析すると47頁の図のようになります。

分析には、その人の生きる意欲とその人が持っている生きるための手段という二つの基本軸を据えて見ます。

生きる意欲は、その人の持つ内在的な力です。生きる希望、自尊心《じそんしん》、自尊感情と言ってもいいと思います。自分自身はこの社会に生きていてもいいのだと自分の存在を肯定し、だから生きていこうとする意欲です。

私の経験から言えば、人は最終的にこの意欲のあるなしで人生が決まると言ってもいいと考えています。その人生を歩むのはその人であって、他の人ではありません。自分の人生を諦《あきら》めきって、放り出してしまっている人はいますが、しかし、心底諦め放り出してしまっている人はめったにいません。そのように見えるだけです。人は誰《だれ》からも相手にされず、孤立無援に陥って、自暴自棄になっていても、なにがしかがあれば生きていたいと願っているのです。死にたいと訴える人ほど、死にたくないから死にたいと周囲の人々にSOSを発します。言葉で訴えなくても何らかのサインを示します。

ソーシャルワーカーは、自分の目の前にいるこの人の中に、より良く生きる意欲や希望、自尊感情といったものがホンのわずかでもいいから、ないかと必死で探します。しかし、人は意欲や希望だけでは生きてはいけません。意欲や希望を支えるものが社会の仕組み、すなわち生きる手段です。

生きるための手段は多様です。その人自身が持っているものとして、仕事、経済、財産、住居、家族や親族を始めとする友人・知人などの人間関係、その人間関係を作る力、学歴、蓄積された知識、等々、有形・無形のさまざまな手段があります。また、社会の側が提供できるものとして、社会的な制度や支援の仕組みがあります。

生きるための手段は、その人自身ではどうすることもできない、社会の仕組みや生活環境などに密接に関連している事柄です。知識や能力はその人自身が培《つちか》うものだと思う人がいるかも知れません。確かに、その面はあるでしょう。しかし、貧困の連鎖《れんさ》だとか世代間再生産という現象が起きています。

貧しいということは単に経済的に貧しいというだけではなく、人間関係・社会関係の貧しさ、教育の貧しさ、文化の貧しさ、生活処理能力の貧しさなどがあります。これらの貧しさは人が社会で生きていく上で必要な生きる力を削ぎ落します。

単に経済的に貧しいのではなく重層的に貧しい環境に生きざるを得ない人々が増大しています。それら全てが貧しい場合、残念ながらそのような環境に育つ子どもは長じて貧困に陥らざるを得ない場合があり、これを貧困の連鎖と言います。子どもの責任ではありません。子どもの努力が足りなかったからではありません。

もともと土台も用意されていないのに、いきなりスポーツ選手と競争させられるような状況に置かれた人々がこの社会にはいるのです。生きる手段を削ぎ落された人々は、それを補い、回復するための支援が必要になります。

人は生きる手段を失うごとに、その代替《だいたい》を得られないと、生きる意欲が減少していきます。または最初から獲得されていないために何かにつまずいた時に回復するのに手間取り、生きる意欲の減少へとつながります。

四つの類型

生きる意欲と生きるための手段は、常に相関していると思うのです。この二つを手掛かりに、ソーシャルワーカーを必要とする人たちの、次のような類型を考えてみましょう。

第1の類型：生きる意欲もあり、生きる手段も持っている人々

人生は複雑で多様ですから、長い生涯で何が起こるか分かりません。もし何か生活上

で困ったことがあったにしても、自分の持っている手段を工夫しながら生きていけます。この類型の人々は基本的にソーシャルワーカーの個別の働きかけを必要としていませんが、福祉的な社会基盤の整備は必要とします。社会福祉の基盤がきっちりしていれば自分でそれを利用する力や知恵があり、生きていきます。

個別の働きかけは必要ありませんが、人々の必要としていること（ニーズ）を汲み上げ政策的に制度化していく、ソーシャルアクションとしてのソーシャルワーカーの機能は発揮されなければなりません。社会福祉基盤の整備は国民の福祉の向上のために絶対必要なことなのですから。例えば、超高齢社会になって、個人的な経済の豊かさの有無を超えて、老いて介護を要する人々は増加しました。しかし、経済的に豊かな人々は、特別にソーシャルワーカーの支援を得ずとも、介護の社会的基盤が整備されていれば、自分の知力や財力を使ってそれらを利用することができます。

日本国憲法第二十五条の「健康で文化的な最低限度の生活」の保障という社会的基盤がきちんと整備されていることを前提にすれば、あとは生きる手段を利用することだけになります。

第2の類型：生きる意欲はあるが、手段を持たない人々

この類型の人々は生活に必要な手段を得、使い方を学べば、社会の制度や他者の力を上手に使いながら生きていくでしょう。例えば、ごく普通に暮らしている若い夫婦が待望の我が子に恵まれてみたら、重度の障害のある子どもだったとしましょう。障害のある子が生まれてくる可能性はどの出産にもありますし、赤ちゃんは障害のある子を育てる能力のある人のところを選んで生まれてくるわけではありません。親は子どもの成長に導かれて親になることができるのですが、普通に平凡に暮らしている人々は、障害のある子の中に潜む輝きを見つけることに慣れていません。しかし、障害のある子の中に輝きを見つけることができた夫婦はきっと社会の仕組みや社会の人々の力を上手に使って、我が子を社会に押し出して行く力を得ていくでしょう。

出産した子の中の輝きを見つけられるのはその人に備わった生きる力、意欲だと思います。子どもの成長に即してその意欲が持続できるよう、必要な手段を手配して、手助けをする一人にソーシャルワーカーがいます。

第3の類型：意欲はないが、手段は持っている人々

この類型の人は、想像しにくいかも知れません。例えば経済的基盤が一定程度あり、学歴もあり、家族関係が保たれていても、自分自身で居場所を見つけかねて生きはぐれてしまっている若者たちがいます。引きこもりやニートと言われる若者たちの中にもそういう人はいます。国民全体が困窮の中にあって食べていくのに精いっぱいの時代には見られなかった生きづらさを抱えた人々です。新しい社会現象です。

ソーシャルワーカーは、それらの人々に、持てる手段を自分が生きるために上手に使えるよう支援を行い、さまざまな場を用意します。が、自分自身が積極的に生きていくことを放り出してしまっている人々に、社会の中にもう一度居場所を見つけようという協働作業は、大変困難であることも事実です。

第4の類型：生きる意欲もなければ手段も持たない人々

この類型の人々は、接近困難とか処遇《しょぐう》困難なケースと俗に言われています。前向きに生きていくことを放り出してしまい、その日その日を漂っています。そうではない生き方を見つけようにも家族関係が崩壊していたり、支えてくれるような人間関係が皆無であったり、どこからどう手を付けていいのか分からない場合があります。

地域社会から孤絶していたり孤絶していること自体、命に関わることなのに、本人自身が痛痒《つうよう》を感じていない場合もあります。俗にゴミ屋敷問題などと扇情的《せんじょうてき》に報道されるケースもありますし、あるいは孤独死や孤立死を迎える人々もいます。これらの住人の中には第4の類型の人々がいる可能性があります。

また、さまざまな背景、人生体験により、自尊感情を著しく欠落している人々もいます。自分自身は生きていていいのだと肯定できなかったり、自分など生きる価値がないのだと思いこんでしまった場合、自力で人生を立て直すことは非常に困難になります。

生きる意欲があるということは、こうありたいとかこうしたいとかのモチベーションがあるということで、ソーシャルワーカーはこのモチベーションを手がかりに対応することができます。その手がかりとなるべきモチベーションのない人にどう接近するか、極めて難しい。そのような人に出会うときワーカーとしては腕も鳴りますが、消耗もします。じっくりとつかず離れず見守っていく忍耐と観察眼が要求されるからです。見守りの中で、今がチャンスと思えた時にすかさず介入してうまくいった時はとても爽快《そうかい》です。

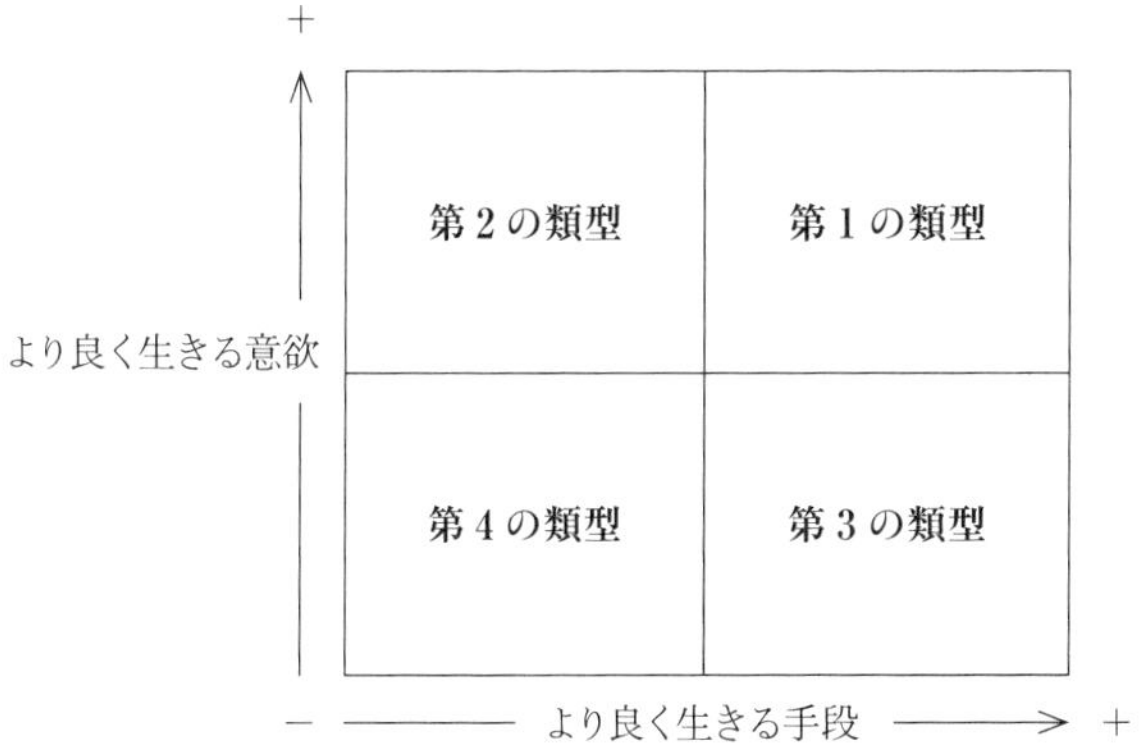

第１の類型　より良く生きる意欲も手段もある人々
第２の類型　より良く生きる意欲はあるが、手段を持たない人々
第３の類型　より良く生きる意欲はないが、手段は持っている人々
第４の類型　より良く生きる意欲もなければ手段も持たない人々

人は誰も、最初から第４の類型を生きているわけではありません。生まれでた幼な子の姿を見れば分かることです。幼な子はあらゆる可能性を持っていますが、残念ながらこの社会に生きていく中で、ごく幼いころからさまざまな可能性を削ぎ落されて大人になる場合も少なくないのです。だからソーシャルワーカーの仕事の目的の一つには、人が第４の類型に陥る前に予防策を講じることであり、それが社会的課題となるでしょう。

働きかけに大切なこと

ソーシャルワーカーの働きかけの優先順位は４↓３・２↓１ということになろうと思います。

第４の類型の人々を働きかけのコアにするソーシャルワーカーには、とにかく人の話をていねいに聞きとる力が必要です。

なぜなら、何か困った状況に陥っている人の多くは、理路整然、滔々《とうとう》とソーシャルワーカーに分かるように事情を話してはくれませんから。あまりにも人生が困難すぎて、話すべき言葉さえ持たない人も多いのです。

ソーシャルワーカーが信用できる人間かどうかあの手この手を使って試そうとする人もいます。今その人が本当に必要としていることや、やらなければならないことを自覚していなくて、とんでもないアサッテのことを相談する人もいます。アサッテの問題を真に受けて対応していたらとんでもない間違いを起こします。その人がくどくどと話す気持ちの奥底を知ろうとしなければなりません。だから、想像力を巡らせることは、その次に何をしたらいいのかを工夫する創造力にもつながることなのです。

生活に困って福祉事務所に相談に来たのに、いろいろあれこれ聞かれた揚句《あげく》、「私は生活保護なんて受けに来たわけじゃありません」などと言ってしまう人がいます。経済的には困っている、しかしこの窮状《きゅうじょう》を救済する制度が、あの生活保護だなんて知らなかった、と。その人はすでに生活保護を受けている人が地域社会で差別され、蔑《さげす》まれている場合のあることを知っているのでしょう。本人が実際に蔑んでいたかもしれません。だとしたら、生活保護なんて受けたくないと言うのは当然でしょう。しかし、本人が生活保護を受けたくないと言ったから、相談は打ち切りにした、というのではあまりにも表面的な対応です。ガス・水道を止められて今日食べるにも困っている、そのことは解決していませんから。ライフラインを断ち切られた人が生きる意欲を持続させるために、何らかの手立てが必要となります。

生きる希望や意欲が失われ尽くした人に、それを回復させるのは容易なことではありません。生きる意欲を失う前に手立てを講じることが肝要なのだとつくづく思います。人は生きる手段を失うごとに生きる意欲も失い続けます。生きる意欲を失った人々が数多くいる社会は安定できません。

人は実に千差万別に生きています。どんな生き方をしてきた人なのか、どんな考え方、どんな感じ方をしている人なのか、その人に教えてもらうことが早道です。その人の言っていること、していることから学びとるしかありません。相談現場で来談者から学びとる力こそが、人をプロのソーシャルワーカーに育てていく基《もと》だと思います。

何度も言いますが、ソーシャルワーカーの仕事は他者の人生に介入していくことです。百人いれば百とおりの人生があり、それらの人生に向き合うことにより自分の頭の中の引きだしを一つ一つ増やしていく。そうした蓄積を重ねて、ワーカーとして成長出来るのです。

　冒頭でふれた、涙を流した五十代のその男性は、第2の類型から第4の類型に移行する寸前であったのだろうと思います。その後どのような人生を歩んでいったのか、私は知る由《よし》もありません。私との出会いが生き直しのきっかけになってもらえていたらと願うばかりです。

第2章

ソーシャルワーカーがやっていること

第1話　〝なかなか死ねない、のですか？〟

この話は、道を歩いていたお医者さんが偶然倒れている人を見かけて応急処置をして病院に運び込んだような、ある種の職業的な能力や知識を持っている人が日常生活の中でたまたまその職業的能力を必要としている人を見かけて対処したそんな話で、ソーシャルワーカーが行き暮れている人を見つけてワーカーのさまざまな手法や知恵を駆使して取りあえずの対応をした話です。

まず、声をかける

暖かなある春の日の昼ごろのこと、いつも使う地下鉄駅の入口の通りに面した壁のところにどろどろに汚れた五十代か六十代前半と思われる男性が寝転がっているのを見かけました。普段見かけたことのない人です。

ピンと来るものがあって「どうなさいました」と声をかけました。

私には、ピンと来るには来るなりの理由がありました。

なんといっても、この人は行き倒れの状態で、もしかしたら救急車を呼ばなければならないかも、と思いました。切実に助けを必要としている人だと感じ取ったのです。〝普通〟のホームレスの人にはそれなりの生気があって、そこに自分の意思で寝転がっている感じがあるのですが、その感じがなく行き当たりばったりのところに倒れこんでいる印象でした。

だって、新聞紙をくちゃくちゃにしたものを頭のところに敷いただけだし、その辺りには紙パックの酒が七、八個散乱しているし、手足顔、全身垢《あか》まみれで臭いたっています。衣服も不潔そのもので、サンダル履きの素足には垢が厚く黒くこびりついていました。

「どうなさいました」

ちょっとかがみこんで幾度か声をかけると、のろのろと顔だけ向きを変え、どんよりにごって目やにのたまった目を向けてきました。憔悴《しょうすい》し、衰弱している様子です。

そして、ようやく弱々しい声で応答がありました。

「どうしたらいいのかわからないんですよぅ。このまま死のうと思っているのですよ」

酒くさい息がして、だいぶ呑《の》んでいるようです。

〝死のうと思っている〟という返事は予想外でもあり予想内でもありました。本当に途方に暮れた人はしばしば簡単に〝死〟を口にします。特に老人はよく言います。〝お迎えが来なくて困るよ〟とか〝早く死にたい〟とか……。あるいはもっと積極的に〝死んでやる！〟などと脅《おど》かしたりします。

「どうしたらいいかわからないって……。死ぬって言ったって、死ぬのだってなかなか大変ですよねえ。なかなか死ねないのでしょう？」

私もしっかりとしゃがみこんで低い目線の位置につきました。本格的に話をする姿勢に変えたのです。

第一声がいきなり死ぬ話でした。

でも、私の同情を引いたり、脅かしの手段に使っている印象ではありませんでした。死のうとしてきたけれどもなかなか死にきれず、ここにこうして転がっているという感じです。

今までおそらく敗残の人生を過ごして、やけっぱちになってもうどうにでもなれ、死んでもいいやという時を何度か過ごしてきたのではないかと推察しました。やけっぱちになって死のうとしたけれどもそんなに簡単には死ねるものではない、という実感を心底持っているのではないか、と。その実感の思いがひしひしと伝わってきましたから、〝でも、そうは言ってもなかなか死ねないよねぇ〟という、私の思いを込めて返したのです。

やけっぱちではあるが本当に積極的に死ぬつもりでもないとも感じました。積極的に死ぬ気力も失せていて、無気力でなりゆきにまかせてただよっているという印象なのです。私は死を試みたことがないので分かりませんが、生きている自分を自分で殺すには相当のエネルギーが必要ではないか思います。

「そうなんですよ。なかなか死ねないんですよ。でももう死ぬっきゃないんですよ」

なかなか死ねない、ということで苦笑いのような薄い笑いの表情が浮かびました。その応答で、私はまずは核心に飛び込めたと考えました。

その男性には見ず知らずの年配の女性にいきなり声をかけられて返事をしなければな

らない義理はありません。私を無視して背中を向けてもそれまでです。なのに、彼は私の呼びかけに応えようとした、そのことがこの際、この話の核心にかかわることなのです。つまり、「なかなか死ねないのでしょう？」という私の答の返し方は彼の琴線《きんせん》に触れることができて、まずは、呼びかけに応えてもらえた、つまり、私は合格したと思うのです。

意欲と手段の程度を見極める

また、全体状況から救急車を呼ぶほどの衰弱ではないと判断をしました。

さて、次はどうしましょう。

呼びかけてしまった以上、じゃあね、気を付けてね、死んじゃだめよ、では済まないでしょう。行き倒れている人を見かけたら、普通に優しい気持ちを抱く人は、可哀そうに、何とかしてあげなきゃ、と思うでしょう。しかし、実際に行動を起こす人は少ない。優しい気持ちがないわけではなくて、声をかけた後、どのように対処すればいいか見当もつかないからではないでしょうか。

私は二つ先の駅に区の福祉の相談窓口、福祉事務所があることを知っていました。

「福祉事務所へ行ったことありますか？　福祉事務所へ行きませんか」

救急車を呼ぶのでなければ、次に私にできることはしかるべき援助の機関につなげることです。しかるべき援助の機関は、この際は警察ではなくて、福祉事務所だろうと判断しました。そこにつなげるために私にできることは、男性が、福祉事務所へ行くことを知っているか、行く気力があるのか、交通費があるのか、を見定めることです。つまり、第1章の類型で言えば、この人にはどの程度の生きる意欲があるか、どの程度の社会資源、つまり経済力や知識を持っているかを見極めることです。

「どうしたらいいかわからないんですよぉ」

繰り返して言います。

私の誘いには応えてくれませんでしたが、起き上がってあぐらをかいて座り、はっきりと私の目を見ました。

これは、あなたと話をしてもいい、コミュニケーションをとる態勢になったという合図です。もちろん男性のほうは、自分がそのような合図を出しているという自覚はありません。合図を読み取るのは私の役目です。男性は少なくとも私を無視しようとはせず、私と会話しようとしていると読みました。

「こんなところで寝ていても仕方がないから福祉事務所へ行って、相談してみたらいかがですか」

再度促してみました。

私の誘いには直接応えませんでしたが、どうしたらいいのかわからない、なかなか死ねない、と繰り返し、繰り返し話します。これはもう私の呼びかけにすっかり応えている、対応しようとしている表われです。

ホームレスの生活をしている人の中には、福祉事務所という言葉に敏感にマイナスの反応を示す人が時々いますが、この男性にはそれがありませんでした。

こんなことがありました。東京の上野公園にはホームレスの人々が暮らしています。その人々がたむろしているところに何となく紛れ込んで、雑談を交わしていた時のことです。その界隈《かいわい》では有名な女性のホームレスの人がいたので、福祉事務所に相談に行かないのかと尋ねてみました。彼女は吐き捨てるような激しい調子でひとこと、「あんなトコ！」と言い、その後は会話が成立しなくなったことがありました。ホームレスとしての生活が定着するに至るまでには、公的相談機関である福祉事務所へ何度も足を運んだことがあったのでしょう。しかし、結果は現在の生活です。

私の呼びかけに対する男性のこの応答に、私は、死ぬのはなかなか大変でやたらには死ねないものだ、それにあなたは見たところまだ死ぬには早い歳ではないかと話題を少し現実に引き寄せてみました。

死ぬ年齢の歳、すなわち老人ではないとの認識はあるようでしたが、でも、どうしたらいいのかわからない、という逡巡《しゅんじゅん》の状態が続きます。ともかくも会話が成立したのですからこれから先は私のペースで話を進めることができます。

具体的な提案をしてみる

「福祉事務所まで行くお金がないのだったら、私がお金を貸してあげましょう」

気持ちをもう少し引き出すために具体的な提案をしてみました。電車賃は一六〇円です。

貰《もら》うのがいやなら貸してあげることにすれば気持ちの負担は少ないでしょう。この具体的な提案にはすぐに反応してきました。

「無料パスは持っているんですよ。」

出して見せてくれました。ついでに運転免許証も見せてくれました。腕のいいタクシーの運転手だったと言います。運転免許証の期限は平成××年。まだ先です。ということは、このようなぼろくずのような状態になって数年もたっていないのではないか、と推察されました。

会話を交わすほどに垢と酒のにおいは強烈です。垢の匂いは私が我慢すればいいのですが、こんなに酒のにおいをさせて福祉事務所に行って、どう対応されるか不安になります。酒の失敗を繰り返してさまざまな関係性を崩壊させつつ転落し、ただ今現在の状態になった。このきっかけはなんであれ、今回は防波堤になるものをすべて失ってまっしぐらに落ち込んで、ここに行き倒れていたのではないでしょうか。髪やひげの状態から、既に半年くらいはあてもなくさまよい続けているように思われました。

「アル中なんですよ、アル中。アル中でさんざん失敗してきてこんななんですよ。酒をやめるしかない」

つぶやくように言います。

問われたわけでもないのに、男性本人の口から直接アルコール依存のことが語られて、さらに核心に飛び込めたと思いました。私は話しかけてすぐに、この人はアルコール依存症でこうなっているのでは、と疑いを持っていました。でもそのことは私が問いただすことではありません。きちんとした人間関係も成立していない私から、「あなた、アル中でしょ」など言われて、その人間関係が深まるなんてことはありませんし、アル中であるか否かを特定したところでこの際何の役にも立たないことです。自分から進んで語ったことで、私に何かを訴えたい、何とかしてもらいたい、何とかしたいというかすかな意思が感じられました。

「だったらお酒をやめることを考えなきゃあ。ともかくも、今のあなたは、体を休めることが必要なんでしょう?」

力を込めて問い返しました。

「あなたはどうしてこんなに親切なんですか。誰も声なんかかけてくれなかった。キリスト教の人ですか？」

突然こんな質問が出てきました。今まで私の呼びかけに受動的に応えるだけだった会話が能動的に私への関心に切り替わった瞬間です。

キリスト教の人と聞いて、グッド・サマリタンを思い起こしました。聖書の中の逸話《いつわ》です。誰《だれ》も声をかけなかったのにそのサマリヤ人だけは道に行き倒れている人を見過ごさなかったという逸話を思い浮かべてしまいました。でも、単純に応えました。

「いいえ」

「創価学会の人ですか？」

「いいえ」

「それじゃあ、ただの普通の人ですか？」

「まあそういえばそうです」

「ただの普通の人がどうしてこんなに親切なんですかぁ」

ぼろくずのように寝転がっている自分のありさまは十分に自覚しており、それゆえに無視され続けてきたのに、声をかけてくれる人がいたということに深く心を動かされた様子で、涙がこぼれていました。

反応が返ってくる

あともう一押しでこの人は動き出します。

呑んではいますがコミュニケーションはとれます。泥酔状態ではありません。少なくとも、放っておいてくれと私を追い払うことはなく、私の働きかけを受け入れようという気持ちの動きがあります。

「あなたがそうやって寝転がっているのを見過ごすことはできないじゃないですか。それにまだ死ぬ歳でもなさそうだし……。そうやっていてもなかなか死ねないんでしょう?」

「そうなんですよ。あなたはどうしてそんなによく分かるんですかぁ」

理屈で分かるような答えを期待している質問ではありません。

「分かるんですよ」

単純に返しました。

宗教の人でもないただの普通の人が、なぜこれほどまでに自分の置かれている気持ちや状態がわかるのだろうと素朴な疑問は持ったでしょうが、一期一会《いちごいちえ》の出会いの中で、願わくば世の中にはそんな人もいるという体験を通じて生きる励みになってもらえれば、などと不遜《ふそん》な思いがよぎりました。また、この間二十分か三十分足らずのやり取りの中で、私はこの男性の人柄の良さ、素直さを感じましたが、男性のほうも私のなにがしかの人柄を感じたことでしょう。

「一時間だけあなたのために私の時間をさきましょう。一緒に福祉事務所に行って相談してみませんか」

さらに具体的に促してみました。

「酒をやめたい……。酒をやめなきゃどうしようもないんだよなぁ」

つぶやくように言います。アルコール嗜癖《しへき》の人の切実な苦悩が伝わります。このようなつぶやきを面接室の中で、家庭の中で何度聞いたことでしょう。でも、なかなかやめられないのです。アルコール依存症ゆえに家庭経済が破綻《はたん》し、家族関係が崩壊し、健康を損ない、職を失い、自尊心《じそんしん》が失われ、すべてを失って残っているのはこの肉体に宿る命だけ。失うものこそあれ、得るものはなにもありません。それがこの病気の業《ごう》というものです。人の助けを借りなければ自力で抜け出すことは難しい。しかし、病いというものは重症であればあるほど他者の力を必要とするものです。心臓を患う人が有能な医師を必要としているのと同じです。

男性の〝酒をやめたい〟というこのつぶやきが明確な意思になるには、まず酒の気を抜く時間が必要ですし、何より今は屋根と食事と布団のあるところでの休養が必要です。

通りすがりの私にできることはあくまで福祉事務所に連れて行くことまでで、あとは福祉事務所の判断にゆだねたいと思いました。この人を私の家に連れてきて解決するのではなくて、福祉事務所という公的機関の機能をこの人のためにこそ発揮してもらいたいと願ったのです。

「福祉事務所はどこにあるんですか。一緒に行ってくれるんですかぁ」

この言葉を聞いた時、私はすっかり嬉《うれ》しくなりました。初めのところでふれたように医者の応急処置が効いてきたような瞬間だからです。普段の本職の活動の中でもめったにこんなにうまくはいきません。

ここまでくれば、あとはもう付き添って行くだけ。さらに言えば、このやり取りを通じて断酒の動機付けがもう少し強化されればもっといい、と欲の深いことを思う私がいました。

「A福祉事務所とB福祉事務所です。私の都合で言えばA福祉事務所のほうがいいのでそっちに行きましょう」

都会の福祉事務所は道一筋へだてて管轄《かんかつ》が違うことがあります。地下鉄のその駅がどっちの福祉事務所の管轄かは知りません。でも、今大切なことはその男性を連れてどこかの福祉事務所に行くことです。自力では身動きとれない人をともかくも動かすことです。いったん動き出せば、何とかその先は自力で動けるようになるのです。少なくともこの男性は動こうという意欲を示しました。

男性はのろのろと大儀《たいぎ》そうに立ち上がり、そのまま歩き出しそうになりました。

そこで、すかさず言いました。

「飛ぶ鳥跡を濁さず、でしょう」

私は新聞紙や酒パックの始末をするように注意したのです。本人も、お、そうだったという感じで素直にまとめていました。〝ただの普通の人〟が出会ったばかりの他人に対して指図することでもないのですが、私には福祉事務所に連れて行ってあげるという関係が既に出来上がったのですから、後始末をするのは私ではなくて本人が自分で散らかしたものの整理をすることのほうが自然かと思ったのです。

適度な依存、適度な自立

この時点で、男性は私にかなりの程度依存的になったという印象を持ちました。この際、拒否されるより依存されるほうがはるかにましです。依存して甘えるのは決して悪いことではありません。適度な依存、適度な自立は社会生活を営んでいくのに必要なスキルでもあります。所詮《しょせん》、人は一人では生きていけないのですから。

くちゃくちゃになった新聞紙、七、八個の酒パック（その中にはまだ酒の入っているものもありました）をビニール袋に入れて、さらにビニール傘を持って出発の用意ができました。駅のプラットホームのくず入れに、新聞紙と酒パックを入れたビニール袋を一度に捨てそうになったので注意して、新聞紙のみ捨ててもらいました。男性は、酒はもう呑まないから捨てるのだと言います。

アルコール依存症の人が酒を捨てるということは並大抵のことではありません。少なくとも福祉事務所の人が見ている前で棄ててほしいと考えました。酒をやめたい決意の程を福祉事務所の人に知ってもらいたかったのです。酒の匂いがぷんぷんとしている人を福祉事務所で受け入れてもらうには断酒の意欲を分かってもらう必要があると。よっぱらいのホームレスのおじさんを連れていって、体よく追い返される可能性だってなくはありません。

また、あっさり捨てようとしたのは、単に衰弱していて酒を受けつけない状態になっていただけだったかもしれません。

福祉事務所へ行く道すがら、今までどこにどうしていたのかを聞きました。文化センターの公園で野宿していた様子で、何日も食べていないと言います。酒のお金はどうしたのでしょう。郵便貯金を下ろしたと言い、残額は二十円でした。

「あなたのお名前をさっき聞いたのだけれどもう忘れちゃった。何とおっしゃいましたっけ。私は歳をとってきたら物覚えが悪くて、人と話をするのに、あれ、これ、それ、なんですよ」

冗談めかして言うと緊張が取れたらしくて、少し声を出して笑うようになりました。五十四歳だとのことです。とても五十四歳には見えません。過ごしてきた人生の時間の荒々しさを髣髴《ほうふつ》とさせる歳のとりようです。緊張が取れて福祉事務所でおどおどせずに自分の状況をきちんと語ってくれたらと願わずにはいられませんでした。

A福祉事務所の窓口で係りの人に私の名刺を渡して、事情を説明しました。すぐに相談票を渡されたので本人に書かせようとしたら書けないと言います。

「どうして書けない?!」

さすがにびっくりして、声が裏返りそうになりました。タクシーの運転手までしていて字が書けないとはさっきの話は嘘だったかと思い、思わず問いただしてしまいました。私としてはちょっと恥ずかしいことでした。話したことが嘘であっても別にかまわないのです。嘘のかたまりの話であってもそれを責めない。今、大切なことは生きようとすることだからです。

「手が震えて書けないんですぅ」

手の震え、震顫《しんせん》はアルコール依存症の症状の一つです。

運転免許証を見て、住所氏名を代筆してあげました。すぐに係長さんが出てきて丁重に応対してくれました。福祉事務所に引き継いだので私の任務はここまでです。

蛇足と思いつつ、つい、できれば短期間泊まれる施設の宿泊所に入れてほしいこと、アルコール依存症のリハビリ施設へつなげてほしいことをお願いしてしまいました。差し出がましかったとあとで反省しましたが、さっきまで絶望に行き暮れていた人をようやくここまで連れてきたのです。この先もっと光を見つけてほしいと願いました。

よろしく、と頼んで退去する私に、その男性は涙をこぼし深々とお辞儀をしました。会ってから福祉事務所でさよならをするまで、一時間ほどの出来事でした。

数ヶ月後、ホームレスの人のためのシェルターに行った時、あの男性がそこに来ていたことを知りました。「親切な老婦人に助けられた」と語っていたとのことでした。彼がシェルターを出たあとどうなったか、知る由もありません。寄る辺ないアルコール依存症の人の予後に、希望的観測を持つ余地があまりないのもまた現実です。

第2話　〝その人、確かに放火はしたけど、でも、手加減してます！〟

福祉事務所に配属された私は、さまざまな障害を持つ方たちやその家族とかかわりを持ちました。第2話では、障害を持つ人を差別しないこと、排除しないこととはどういうことなのか考えてみたいと思います。そのことは、とりもなおさず、障害を持つ人を社会の一員としてきちんと位置付けるということでもあるのです。

ソーシャルワーカーが闘わなければならない差別

現在でも、知的障害や精神障害の人たちのための施設を建設しようとすると、周辺の住民から迷惑施設として建設反対運動が起きるのは稀《まれ》ではありません。ヘンな人がうろつくと治安が悪くなる、地価が下がる、建物の資産価値が下がるという理由が多いのです。これは、精神障害のある人や知的障害のある人は何をするか分からないヘンな人という不確かな不安や偏見が、地域社会の人々の気持ちの奥底にわだかまっているからでしょう。

統計的に言えば、本当に怖いのは〝正気〟の人が刃物＝武器を持った時です。戦争は正気で頭脳明晰な人の命令によって始まります。差別は理性的な理解ではなく、もっと情緒的なものです。自分の気持ちをコントロールできない人が刃物など人を殺傷する武器を持つことを想定すると、確かに怖いと感じます。自分の気持ちをコントロールできない人は精神障害者とは限らないのですが、精神障害者が事件を起こした時、過剰に恐れられ、精神に障害があるというだけで、すべての精神障害者が恐れられてしまいます。

精神に障害のない人が残虐《ざんぎゃく》な事件を起こしても、だからといって、その人の個人的属性を代表させて、そのような属性を持つ人すべてにまで一般化し、恐れるというようなことは決してありません。例えば、殺人犯は圧倒的に男性に多いのですが、男性とか若者という属性に着目して、男性は、若者は、危険な存在だから取り締まるべきだといった飛躍した認識を持つことはありません。

理屈や理性の入る余地なく、情緒や偏見により判断され、特定の属性を持つ人々が社会から排除されるこの現象を、差別と言います。ソーシャルワーカーはこの差別とも向き合わなくてはなりません。ソーシャルワーカーが闘わなくてはならない差別は実にさまざまにあります。

精神障害者の一般的な状況についてざっと見てみましょう。

一九六〇年代から七〇年代の精神障害者の治療は、在宅治療の可能性が見えてきた時代です。五〇年代に向精神薬が開発されて症状を飛躍的にコントロールできるようになったからです。精神科医や保健師さんを中心にして長らく病院に埋もれていた患者さんを地域に取り戻す、地域に帰す試みがなされるようになってきました。しかし、長期入院をしていた人が地域に戻る、しかもそもそも精神障害のある人への偏見や差別が強烈にある地域に戻るには、非常に高いハードルを越えなくてはなりませんでした。事情は現在もあまり変わらないかもしれません。

偏見や差別のハードルをクリアするばかりでなく、精神に障害のある人が精神病院ではなくて地域で生活するためには、さまざまな実際の支援が必要です。人は誰でも生きていくのに適度な自立、適度な依存が必要で、精神に障害のある人には、精神障害者仕様の依存、支援の仕組みが必要です。

現在では、精神病院や精神科診療所、保健所などにデイ・ケア、訪問看護師制度ができ、地域には生活支援センターなどが整備され、さまざまな組織が運営するグループホームや精神障害者のための作業所などが各地に整ってきています。施設も制度もかつてとは比べものにならないほどに揃《そろ》ってきました。それでも、入院治療の必要がなくなっているのに帰る先がないために入院を仕方なく続けている「社会的入院」患者は七万人（二〇一二年現在）もいると言われています。

これからお話しするのは七〇年代のケースで、精神に障害のある人が地域社会で生活していくための方策はほとんどありませんでした。患者さんたちの退院は、一部の熱心な精神科医や保健師さん、ソーシャルワーカーらが行う、病院から地域へ患者さんを帰そうというさまざまな工夫によって支えられていました。

私が福祉事務所のワーカーとして働いていた当時、受け持ちの世帯の中には入院中や在宅の精神病の患者さんは沢山いました。これらの潮流と無縁であることはできず積極的にかかわりを持ちました。退院のための環境を整えたり、在宅の患者さんや家族を組織化することなどに奔走《ほんそう》していました。現在のように精神障害者に対する支援の仕組みが皆無といってもいいほどの状況の中で、それでもその人にとって必要な支援の方法を見つけたり、創りだしたりすることはソーシャルワーカーとしてはこの上もないやりがいのある活動でした。無から有を生み出すのですから！

ある知的障害者が起こした放火事件

三十年以上も前に、私が担当していた知的障害と精神障害を持つ青年が村で起こした放火事件を例に、彼がその地域に根付いて暮らすことをどのように支えようとしたのかを話したいと思います。

ある山あいの小さな村を担当するソーシャルワーカーとして働いていた時のことです。

この青年は軽度の知的障害とともに統合失調症を併発していました。母親と二人暮らしで、当時は農業を主としながら、生活保護を受けていました。

子どものころは、知的障害児施設で教育訓練を受けたこともありますし、卒園後は農業を手伝いながら、時に村の工場で単純労働に就いたりして暮らしていました。時々気持ちや行動が不安定になり、仕事場を替えたり、入退院を繰り返しながらの生活でしたが、ようやく母親との二人暮らしができるようになってきていました。農業にいそしむことができるようになってきたのです。母親は、一人息子の行く末を大変心配していました。

ある時、農村によくありがちな水利権の問題が、隣の田の持ち主との間に持ち上がりました。その青年の田は下にあり、上の田の持ち主が田植えの時期が来てもなかなか水を流してよこさなかった。田植えの時期には川上の田んぼから順々に水を張り、準備をするのが習わしでした。

彼は腹を立てて、ある夜、上の田にあるわらや木材を置く小屋に放火してしまいました。そしてすぐに、彼は放火犯として逮捕され起訴されました。

この刑事裁判で、私は被告側証人として証言台に立つことになったのです。

青年はこの裁判ではすでに精神科の専門医の精神鑑定《かんてい》を受けています。それで充分なはずでした。その一方、私は、村役場の福祉担当や保健所、福祉事務所などの公的機関の人々の中で彼の生活ぶりを一番よく知っていました。青年を担当するようになって二年ほどの間に、とっくりと彼や母親とお付き合いをしたからです。そこで、被告人側の弁護士は、精神鑑定の補強意見としてソーシャルワーカーの見解を求めてきました。精神鑑定医の精神鑑定で足りることなのに、福祉事務所の一介《いっかい》のワーカーが裁判に引っ張り出されたこと自体、異例のことです。主治医の精神科医よりもずっと私のほうが彼とのかかわりが深く、ていねいに付き合ってきた結果、私はいつの間にか、彼の生活実態に即してものが言える数少ない関係者になっていたのです。

論点は、青年に判断能力があるか、社会的な責任能力があるか、です。彼を担当するソーシャルワーカーとしての見解が問われました。

あると言えば、放火は重罪ですから有罪判決、前科がつくことになるし、ないと言えば心神耗弱《しんしんこうじゃく》、自傷他害（自分を傷つけたり他人を傷つける）により措置入院（公費による強制的な入院）になるでしょう。青年は知的には境界線上にいたので、あると答えるエピソードもあるし、ないと答えるエピソードもあります。相反するエピソードを並べた上で、ソーシャルワーカーとしての私は彼の生活の何に重点を置いて結論を出せばいいのでしょう。

マッチ

私にとっての悩みは、放火の容疑で刑事裁判にかけられている青年の、日本国民としての基本的人権を守るために、ワーカーとしての判断の基準をどこに求めればいいのか、ということでした。何を真実だといえばいいのでしょう。

私は青年を前にして、「彼にはこの放火に関して判断能力も責任能力もあると考える」と証言しました。

成人した社会人として社会的に機能していくためには、確かに青年は境界線上の人ではあります。しかし、その境界線は彼だけの絶対的なものではなくて、彼と社会とのかかわりの中で引かれる揺らぎの中にあるあいまいなものです。つまり、周囲の環境にも影響されながら、青年は社会的に存在し、行動しているのだということです。現に彼は放火が悪いことだと知っており、知っているからこそ、あまり被害の出ないわら小屋に火をつけたと解釈することができます。

彼は何をしなかったか

私は、警察で彼についての事情聴取を受けました。

「T君は、確かに火はつけたに違いない。でも、その火の付け方には彼なりの配慮を利かせています。手加減をしています」

彼が何をしたかよりも、何をしなかったか、どんなことに配慮したかをこまごまと説明しようとしました。私は、そちらのほうが大切なことだと考えたのでした。

「あんた、何を言うんですか！　放火は重罪ですぞ！」

私の事情聴取を担当した刑事さんは机を叩《たた》いて怒りまくりました。あまりの怒り方にびっくりしたことを覚えています。

私にしてみれば、よくぞわら小屋で踏みとどまって手加減してくれた、と言いたいところだったわけです。青年の気持ちに即してみれば、上の田の人が水を流してくれないことによって自分の田の田植えが遅れてしまう、という怒りは相当なものだったでしょう。この怒りの気持ちを、彼なりに抑制を利かせて行動したとも言えるのです。

考えてみれば、放火するのに、手加減だの配慮だのという理屈がとおるわけもありません。問われていることは、何をしなかったかではなくて、何をしたか、です。放火は放火です。現実社会では私の事情聴取をした刑事さんの怒りのとおりです。

しかしながら、ソーシャルワーカーとして詳細に青年の行動特性、思考特性を知っているからこそ、私は論点を、何をしなかったか、ということに当てたかったのでした。彼が何をしたかは検察の調べで充分についています。証言を求められた以上、彼が何をしなかったかは、青年の生活に密着して付き合っていたソーシャルワーカーだからこそ言えることなのだと考えました。

私の論法は、判断能力があるからこそ被害の少ないところへ火をつけてうっぷん晴らしをしたのであるから、その社会的責任は引き受けなければならないし、引き受ける能力はある、というものでした。ちなみに、うっぷん晴らしというと幼さ、稚拙《ちせつ》さが目立ちますが、通常、犯罪者によるこの行動を報復と言います。傍証として、彼が今までどのように暮らしてきているか、現在お母さんを助けてどのように生計を立てているかを、私の観点から詳細に語りました。

判決は執行猶予《しっこうゆうよ》付きの有罪でした。病気については外来治療を継続することになりました。

地域社会からは「放火犯を野放しにするな、精神障害者を野放しにするな」などという批判は寄せられませんでした。有罪判決により法的制裁を受けたということで納得、了承されたのだと思います。これには、青年の気持ちを擁護し代弁してくれた地域の民生委員（地域住民の中から任命され、行政などと協力しながら福祉の相談にのるボランティア）さんの力が大きかったし、また保健師さんの力も大きかった、ということが挙げられます。

この放火事件で、知的障害と精神障害を併発している青年の基本的人権を守るということは、青年を犯罪者にしないという温情主義的なことではなくて、自分の行為について社会的責任を果たすことをその人に迫ることだ、と考えました。この場合の社会的責任を果たすということは、青年に犯罪者として法の裁きを受けさせて、犯した行為に関して罪を償《つぐな》う手順をきちんと踏むということであったわけです。

ソーシャルワーカーとしての判断の境界線上にある課題で、しかも、右か左かのどちらかを選ばなければならなかった。もちろん、ソーシャルワーカーとしては判断しない、判断できないという証言の選択の仕方もあります。しかし、判断しない、判断できないというのであれば、この二年間、いったい私はソーシャルワーカーとしてどのように彼に向き合ってきたと言えばいいのでしょう。曲がりなりにも付きあってきたという自負がある以上、判断できないとは言えませんでした。

私の証言を青年がどう受け止めたのか定かでありませんが、彼は私の証言を聞きながら涙をこぼしていました。この涙の意味は分かりません。少なくとも彼のお母さんは、私が青年を一人前の成人であると認めていたことをとても感謝していました。数年にわたり年賀状が届いていましたが、私が転々と転居を繰り返したためにいつしか音信不通になりました。

措置入院した時の困難

精神障害のある人が犯した犯罪で、証言台に立つ機会を得た私が彼を犯罪者にする方向で自分の考えをまとめ、証言した時代的背景には、実は以下のような事実が存在しています。それは現在もあまり変化していません。

犯罪が関与していようがいまいが、いったん精神病院に入院し、入院によって、家族関係や職場や友人知人の人間関係が崩壊してしまった場合には、もう一度地域に戻り通常の生活を回復するのは極めて困難な現実があるということです。

精神病の患者さんをめぐる人権問題は当時も今もたくさんあります。その一つに、罪を犯した精神障害者の扱いがありました。

当時の精神衛生法の規定により自傷他害のおそれのある人は都道府県知事の判断と権限で、本人の意思や家族の意思とは関係なく強制的に入院させる措置《そち》入院という制度があります。自傷他害のおそれがなくなった時に措置入院は解除されます。

結果、どういうことが起きたかというと、罪を犯していったん措置入院になった精神障害の患者さんは、地域社会の反対が大きくて寛解《かんかい》(精神症状がとれた状態)の状態であってもなかなか退院できない、ということがありました。裁判で裁かれて刑罰を受ければ、所定の刑期を終えれば、社会に戻って来ますが、措置入院の場合は二年、三年と地域社会が許してくれるまで入院になってしまう例がありました。中には十年以上も帰り先がないままに精神病院に埋もれてしまう人もいます。

もうひとつ、こういう話があります。

ある山村を担当していた時のことです。集落の簡易水道の水源地に農薬を放り込んで捕まり、統合失調症の診断を受けて措置入院になった患者さんがいました。病院側から、精神症状の急性期の症状が取れて数年経過し、今や入院している必要性はまったくないから退院させたいので、家庭環境の調整を図ってほしいとの要請を受けました。家族はしぶしぶ退院を認めて、家庭に引き取ることを承知してくれました。

問題は、その患者さんが住んでいた集落の人々の反応でした。絶対に退院してきてもらっては困る……と。

確かに集落の簡易水道の水源地に農薬を放り込まれているのですから、この記憶は生々しく残っています。集落の人々がこの人に退院して自宅に戻ってきてほしくないと考えるのは、ある意味当然というか納得のできる心情でもあります。人身事故に至らなかったのは水源地の大きさに比べて放り込んだ農薬の量が微量だったため、ヘンな匂いがすると大騒ぎになりましたが、被害がなかったからです。

ただ問題は、この事件は急性期の精神反応により引き起こされたもので、この患者さんにいつも必ずこの危険性があるとは言えません。一方で、集落の人々が再びそのような事件を起こしたらどうするのかと恐れることは理解できます。しかし、だからと言って治療の必要のない人をいつまでも精神病院に入院隔離しておくこと自体は、人権侵害でもあります。正式の刑事裁判を受けたならとっくに刑期を終えて社会に戻ってきているはずですから。

この人のやった行為は犯罪行為です。水源地に毒物を投入した罪で刑事罰を問い、起訴することができる。しかし、刑事罰を問わず、精神障害の治療をすることが課せられました。刑期には期限がありますが、入院には決まった期限がありません。病状が軽快するとともに、ふたたび家庭や地域に戻るための条件も整える必要があります。ところがこの条件が整わないために、入院を続けざるを得ない人が多くいるのです。

病院の論理からすれば入院治療の必要のない人を入院させておくことはできませんし、医療費を生活保護費として支出している福祉事務所の論理から言っても、入院の必要のない患者さんの入院費用を支払う理由はありません。

地域に戻れる環境をつくる

そこで、集落の人に集まってもらって、精神病院のソーシャルワーカー（ＰＳＷ）と共に、精神障害者の治療のあり方の基本的な考え方を説明し、本人の現在の病状、そして治療の見通しを伝えました。つまり、急性期の症状は取れて現在は落ち着いていること、その意味で入院している必要性はまったくなく、病院も福祉事務所も退院させる必要性があると考えていること、などです。集落の人々に退院の了解を求めたのでした。おそらく今日では、このようなアクションをとること自体が患者さん個人のプライバシー侵害として糾弾《きゅうだん》されるかもしれません。集落の人とはいえ、他人です。その他人に、個人の最も重要なプライバシーである治療経過、現在の病状などを伝えたのですから。

しかし、山村の集落の住人として暮らすためにはその村落共同体の人々の意向を無視するわけにはいきません。隣に住む人はどこの誰《だれ》かも分からない大都会の住み方、暮らし方とは、決定的に異なる点です。もちろん、入院するも退院するも病状によりけり、個人の問題です。しかし、当時の農村での個人の暮らし方は村落共同体から離れて自由、というわけにはいきません。特に農業を営んで生活するには、共同体の中に入っていることが必要なのです。

集落の人々からは、再発しないという保証はあるのか、もしもまた事件を起こした場合、一体誰が責任をとってくれるのかという重たい問いを突き付けられました。この問いには答えることはできませんでしたし、現在も誰にもこの問いには答えられないのではないでしょうか。そうならないように持ち場持ち場の責任において、その時々でできる限りの努力を惜しまないにしても、一〇〇パーセントの保証など誰にもできないのです。

とはいえ、集落の人々は退院反対の意思表明はできても阻止することはできません。患者さんは退院しました。しかし、月一回の通院、月一回あるかないかの保健師さんの家庭訪問だけでは持ちこたえることができなくて、再発・入院・退院を繰り返し、最後に入院した時は、激しい精神症状を起こし、自分の家のブドウ畑の丹精込めたブドウの木を根元から切り倒してしまったのでした。結局、一家離散し家は廃屋《はいおく》となりました。

以上の話は、地域社会で暮らすための手厚い支援が皆無に等しい時代のことです。病院か家族の力に頼るかしかない、オール・オア・ナッシングの状況でした。それでも、精神障害者を看護する家族への応援を何とか工夫しながら、社会生活を持ちこたえられるよう細々と支援していたのでした。

一人暮らしができるよう生活基盤を整える

そのような社会状況ではあっても、長期の入院生活から地域の生活へ定着することのできた例もあります。

もう五年以上も、ある精神病院に入院している初老の男性がいました。飲酒による失敗で生活破綻《はたん》をきたし、要するにアルコール依存症として入院していたのでした。本来は短期の入院で良かったはずです。けれども入院により今までの生活のすべて、住むところも職も人間関係もすべて失い、丸裸の状態になってしまいました。もともと家族や親類縁者のなかった人です。退院して新しい生活を築くためには、何もかも一から取り戻さなければなりません。

病院でその男性に面接しました。退院したい、もう一度生き直したいというのです。病院側は、もう入院している必要のない患者さんですから、条件さえ整えば退院は大歓迎です。次の第3話に登場する老人のような生活力というかたくましさはありませんでしたが、生真面目な人でした。生活基盤を整えてあげれば、何とか一人暮らしができそうです。気力や体力からいって、今だったらまだ間に合う、そんな印象を抱きました。

そこで、その病院のある地域の民生委員会に相談を持ちかけました。こういう患者さんがいるけど、ひと一人が生活できるように環境を整えることを一緒に考えてもらえないかと。生活保護費の範囲内の家賃のアパート、そして、生活するためのさまざまな物資が必要です。

アパートはじきに見つかりましたが、問題は生活するために必要な家財道具一式、雑多な生活用品です。これらを整える費用は生活保護費から出ますが、とてもその額では足りません。入院を長く続けていたために一人暮らしをする生活用具はまったく無いので、一から揃《そろ》えなくてはなりません。そこで、私は、冷蔵庫、洗濯機、炊飯器など大きな物から鍋、茶碗、皿に至るまで詳細なリストを作り、民生委員さんたちに、これだけあれば取りあえずの生活を開始できるから、何とか探して下さいと頼みました。そしてそれらの物品は、民生委員さんたちの協力により中古で揃ったのでした。

彼の生活の基盤作りに尽力して下さった民生委員さんは、私が転勤したあとも折々の消息を伝えてくれました。最後は脳溢血《のういっけつ》か何かでの病死でしたが、退院後の一人暮らしを十分に楽しんだようです。

地縁も血縁もない地域で一人暮らしを始め、生活を維持していくことは大変なことです。特に高齢になればなるほど……。この男性の場合は、とても良かったことに油絵を描くという趣味がありました。この趣味に思う存分没頭《ぼっとう》できる生活を取り戻せたのが幸いしました。デイ・ケアに通わなくても、保健師さんの世話を受けなくても、油絵を描くことで充実した一人きりの生活を営むことができました（もちろん当時はそんな制度は皆無でしたけれども）。私がこの男性の退院計画を立てた時、油絵の趣味のことまで見通したわけではありませんが、結果オーライです。

死後、彼が残した油絵は関係者で形見分けしたとのことです。

罪を犯した障害者の社会復帰支援

さて、現在、精神障害者や知的障害者と犯罪の問題はどう考えられているのでしょうか。

私は、放火事件を起こした青年に執行猶予が付いたことで満足してしまいましたが、しかし、執行猶予がつかないで実刑判決で、刑務所に収監《しゅうかん》される可能性だってありました。当時、刑務所が障害のある受刑者に対してどのような対応をしていたのかまでは、知りませんでした。

当時の私は、刑務所の中の問題、刑務所に入った障害者に罪を償《つぐな》わせることはするが、再び罪を犯さないための福祉的な支援はしていない、ということを考えていませんでした。刑務所における知的障害者や精神障害者の問題を社会問題として明らかにしたのは、山本譲司さんという元国会議員でした。今世紀になってからのことです。

山本さんは国会議員をしていた時に国費を流用する詐欺罪に問われて有罪となり、刑務所に収監されました。そして、刑務所にいるたくさんの知的障害者や精神障害者の実態を直接的に知ることとなったのです。出所後、二〇〇四年にこの体験を描き下ろしたノンフィクション『獄窓記』（新潮社）を発表し、大変な評判となりました。つづいて二〇〇六年『累犯障害者』（新潮社）で刑務所が障害者の〝セーフティネット〟となっている実態を伝えています。

本来福祉的な支援を必要としている障害者が支援から漏れて、社会から排除されて、結果、罪を犯し刑務所に放置されている。そんな大変な人権侵害があることを、世に訴えたのでした。そして、この本をきっかけに、罪を犯した障害者への出所後の福祉的支援の枠組み作りが、政策的に推し進められるようになりました。目下《もっか》は刑務所退所後の障害者のために全都道府県に地域生活定着支援センターを設置する政策が進められています。

もちろん、ここにはソーシャルワーカーが必要です。ソーシャルワーカーの活動分野が、新しい社会的制度の後押しをもって開けたのです。

第3話　その小屋には藤棚があって、手作りベンチがあって

ソーシャルワークの根底にある思想の一つに、その人らしく生きていくことを支えるということがあります。もちろん、この考え方にはその社会にある程度調和し、適合しながらという前提が付きます。

その人らしく生きていることを肯定するなんていうことは、当たり前のことです。しかしこの考え方は、周囲の人々と利害が対立する時、簡単に吹っ飛んでしまいますし、思いやりとかやさしさに隠れて過干渉することは、しょっちゅう起きることです。

危なっかしい足取りで歩いている少女や少年を見かけたら、思わず、そっちじゃない、こっちだと手を引っ張りたくなるのは人情とも言えます。しかし、そこで一歩立ち止まって、無事に歩んでいけるかどうかを見極めることがソーシャルワーカーには求められるのです。はらはらしながら見ているのですから、非常な忍耐と叡智《えいち》を要します。落っこちそうになったその瞬間に受け止められなかったら、大変なことになりますから。

主体は支援を必要とする人

ところで、ソーシャルワーカーが行なう、その人の人生を支える行為を表わす用語にも歴史的な変遷《へんせん》があります。古くは救済・保護というように言い表わされ、その後、指導→援助となり、現在では支援という用語が一般的に使われています。この変遷は、つづめて言えば、主体はソーシャルワーカーではなく、今まで救済や指導、援助などをされたりする立場にあった人こそ主体なのだ、という支援観の変化によります。

同時にこの用語の変化は、ソーシャルワーカーが誰か困っている人に何かを〝してあげる〟のではなく、生活の中で何か困ったことに直面した人が、ソーシャルワーカーの持っている力、すなわち機能を〝利用〟すればいいのだ、という考え方の転換の表われでもあります。ソーシャルワーカーは、〝してあげる〟側ではなく、〝利用される〟側に立つことになります。この意味で言えば、レストランで食事をするのは、レストランがおなかがすいた人に食事を給食して〝あげている〟のではなくて、何かを食べたい人が食事を提供するレストランの機能を〝利用している〟のと同じです。

ちなみにこの変化は、医療の分野でも起きています。長らく、医者は患者に対して治療の専門家として絶対的権威と権力をもって当たってきましたが、そうではなくて、治療に患者が参加する流れが起きています。医者は患者に病状と治療方針を説明し、患者の同意を得なければならない、インフォームド・コンセントの流れなどその代表的なものです。

こうした文脈で、福祉も、援助する人、される人という従来の関係ではなく、対等の関係ということが言われるようになりました。しかし、社会福祉の世界では、歴史的経過からいっても対等でない関係のほうが日常的な実感かもしれません。

書類や手続きをきちんと整えて外形的に対等の関係を形作ることは大切なことですが、それだけでは対等にはならない。目の前に現れる人を、人として見下げることをしていないか、尊重することができているか。ワーカーも生身の人間ですから、皮膚感覚で対等性を実感するには時間がかかります。

さて、これからご紹介する話では、まだそのころは、ソーシャルワーカーの一般的な立場は生活保護受給者を〝指導する〟ことにありました。生活保護を受けている人を一段と低く見るこの風潮は、残念ながら、現在も払拭《ふっしょく》されていません。二〇一二年春に、有名なある芸能人の母親が生活保護を受けていたことが暴きたてられて、いっせいに生活保護バッシングが起きました。このバッシングを支える背景にあるのは、多くの人々が抱く生活保護を受けている人々に対する差別や偏見、そして働きもしないのに国家の税金からお金をもらっているではないかという一般勤労者の持つ素朴な反感の気持ちではないでしょうか。

現在の日本では、国民の生活の根底を支える国の制度として、どんなにお金持ちであっても必ず何らかの公的医療保険制度や年金制度に加入しています。大会社の社長さんとその家族が、公的年金を受給し、医療保険で医者に通い、介護保険を利用していたとしても、誰も咎《とが》め立てをしません。あんなにお金を持っているのに、税金が補塡《ほてん》されている年金や医療保険を受給するなんてズルイとは誰《だれ》も言いません。なのに、国が制度として保障している生活保護制度を貧しい人が利用すると、なぜか肩身の狭い思いをさせられます。このような認識のギャップも差別の形の一つだと思います。

養護老人ホーム入所〝指導〟

当時の福祉事務所では、生活保護を受けている一人暮らしの老人に対する処遇《しょぐう》方針を、判で押したように〝養護老人ホーム（経済的に困窮《こんきゅう》状態にある高齢者のための生活施設）入所指導〟と書くのが当たり前でした。担当員は家庭訪問するたびに老人ホーム入所を勧め、老人は断り続けている、という攻防があちこちに見られました。本人の状況を客観的に見れば、生活の本拠を地域から福祉施設に移したほうがいいと判断されるにしても、本人自身の意向は無視されがちでした。

私は、この風潮は苦々しいかぎりと考えていました。なぜ福祉事務所が一人暮らしの貧しい老人に老人ホーム入所を勧めるかというと、これはもう福祉事務所の保身以外の何ものでもないと感じたからです。〝一人暮らしの老人、死後何日かで発見〟、という事態になれば、福祉事務所の行政責任が問われます。福祉の社会資源が今とは比較にならないくらい乏《とぼ》しかった時代です。一人暮らしの貧しい老人が安全に生きていけるところは養護老人ホームぐらいしかなかった。安全であることは、周囲の人、福祉行政側にとってはいいことかもしれませんが、当の老人にとっていいことかどうか、幸せかどうかは安直には言えないことです。

　そして一九七〇年代の養護老人ホームの実態は質量ともにとても貧しかった。大部屋で見知らぬ老人同士が日常の生活を共にしなければならないという物理的環境一つとっても、命の保障はあったかも知れませんが、憲法でいうところの「健康で文化的な最低限度の生活」の保障をしていたとはとても言えない状況でした。一人部屋はもちろん、二人部屋はまずなかった時代です。夫婦で入所する場合も、赤の他人と日常生活の部屋を一つにすることを覚悟しなければなりませんでした。大部屋を男女相部屋にすることはさすがにありませんでしたが、夫婦の場合、実質、男女相部屋にならざるを得ません。夫婦の側からいっても、同室者にならざるを得ない人の側からいっても大変な苦痛です。

　このような福祉施設のあり方を〝劣等処遇〟と言います。現代的な社会福祉の理念や制度が成立する前段階では、貧しい人々、貧民を救済することが社会的課題でした。そして救済される貧民の生活レベルは、勤勉に働く〝一般〟の人々と比べて、一段と劣ったレベルに置かなければならない、置いて当然だとされたのです。この〝劣等処遇〟の考え方の残滓《ざんし》は、現在においても注意深く見るといろいろなところに見られます。

自分はこんなに一生懸命働いているのに、働きもしない人たちの生活が税金で保障されているなんて、我慢できないという感情は、ある意味自然でもあります。その一時点だけを取ればそうかも知れません。しかし、人の人生は長いし、起伏に富んでいます。長いタイムスパンの中で、社会福祉の制度を必要とする事態が、いつ誰のもとに起きるか分かりません。誰の身に困難な事態が起きてもいいように、社会全体で富を分かち合い、リスクを分散させるシステムの一つが社会福祉の諸制度です。人は一人では生きていけませんし、家族や親族などの特定のグループ内だけでも生活は完結できないからです。このことを理解し、納得するには、感情論のみならず、理性的な知が必要です。今は、私たちの社会が成熟した大人の考え方をする社会になるための歩みの途上にあるとも言えます。

これから語るエピソードが起こった当時は、一方で福祉の社会資源は絶対的に不足していました。老人ホームを利用せざるを得ない状態になったからといってすぐには入所できない実態にあったことも事実です。

そこで福祉事務所は、予防的に、老人ホームに空きが出ると、今はその必要のない老人であっても説得してそれなりの公的な理屈をつけて入所させてしまう。そういうことが行なわれていました。入所する老人にとっても地域社会にとっても、養護老人ホームは養老院、お助け小屋という前近代的な慈善意識が濃厚だった時代でもあります。

自力で建てた掘立小屋に住む老人

そんな時代背景があったころのことでした。その人がその人らしく生きることを支える困難さや地域社会で受け入れられる難しさについて話しましょう。この難しさは何よりも、自分の価値や文化を守り通して自分らしく生きることを貫くには、当人にとってとても厳しい生活と引き換えにしなければならないという峻厳《しゅんげん》さにあるのです。

自力で掘立小屋を建てて山中に住み着いた老人と、地域社会及び福祉事務所との確執《かくしつ》の例を取りましょう。七〇年代前半の話です。

この話の本筋は現在で言えば、河川敷《かせんしき》や公園などにブルーテントを張って生活しているホームレスの人の生活をどう守るのかという課題に通じます。そこは公共の場だからという理由で追い出せば済む問題ではないはずなのですが、実際には住むべき場所の代案もなく追い出されることがあります。

　ある町を管轄する福祉事務所のソーシャルワーカーとして着任しました。あいさつに行った時に、町の福祉担当の人が真っ先に言ったことは、問題老人がいるから何とかしてくれ、近隣から苦情が来ている、ということでした。

　ケースファイルによると、その老人はアルコール依存症で長らく精神病院に入院していましたが、病院から逃げ出し、その町の温泉街に住み着きました。やがて、小高い丘に自力で小屋を建てて住むようになった人です。地主さんの許可なくかってに建ててしまったのですから、立派な不法占拠でした。現在の河川敷や公園のブルーテントと同じです。

　それにしてもたいした生活力です。

　歴代のワーカーはその処遇方針を「老人ホーム入所指導」と書いていました。もの言いの硬軟《こうなん》はあったでしょうが、その小屋を訪れるたびに老人ホームに入れと言っていた、つまり〝指導〟していたのでしょう。

　温泉街の人たちは不法占拠もさることながら火事でも起こされたら大変だ、だから老人ホームに入れてくれ、というのです。時には町の一杯飲み屋で、呑《の》んだくれて騒いだりもします。要するに地域社会の人々にとっては、何の縁もゆかりもない、よそ者、流れ者、邪魔者以外の何者でもない老人です。

その老人しか通らないけものの道のようなところを、斜面のヤブをかき分けて行った先に少し開けた土地があって、そこに一坪かそこらの文字通りの掘立小屋が建っていました。

老人に会い、話を聞いて、自力で構築した生活環境を見て、とても感動しました。

その小屋とその周囲を見た時、まず感じたのは、ここにはその人の人生の集大成とも言える生活の文化、言い換えればその人らしい暮らし方があるということでした。

その人らしく生きている、つまり、自己充足して生きているこれのどこがいけないのでしょうか。なぜ、今、この生活を捨てて、老人ホームに入所しなければならないのでしょう。入所の必要性は老人の側には見当たりません。

確かに極貧の生活かもしれません。

しかし、決してすさんだ生活ぶりではなかった。〝アル中〟ですから一升ビンは山ほどあります。一升ビンを埋めて囲いにし、小さな花壇が作られ、野生の藤を藤棚に仕立てて、その下には手作りの小さなベンチが置いてありました。ここで夕涼みしながら、一人でちびちび一杯やるなんてなかなかオツです。多分、ヤブ蚊をぴちゃぴちゃ叩きながらという次第になるでしょう。もっとも、この老人のことだからそれ相応の対策を立てていたかも知れません。

少し下ったところの沢の湧《わ》き水を飲料水とし、ていねいに草木を刈り取り、水汲みがしやすいように工夫されていました。もちろん、そこへ行くまでの坂道には細い丸太で段々がこしらえてありました。トイレは……水源に影響しないようにちょっと離れたところをその場所とし、転々と移動させていたようです。入浴は……なにしろ下界は温泉街です。安くて湯量のたっぷりした共同浴場があります。そうそう、丘の登り口にはポストがあって民生委員さんや福祉事務所、町役場からの連絡用に使われていました。日常生活万端《ばんたん》怠りなし、といった生活ぶりでしょうか。

絶海の孤島に漂着したロビンソン・クルーソーの生活もかくやと思われました。自分の人生を自分で引き受けて生活を楽しんでいる現在のあり方を肯定することこそが、ソーシャルワーカーの〝指導〟ではないか。私はそう考えました。

余談になりますが、私はそれから約十年後にアメリカの西海岸の大都市、ロサンゼルスで暮らしていました。かの地で、日本の農村の貧しさとは比べものにならない荒涼たる貧困の生活状況を目撃し、息を呑みました。アメリカの大都市のアフリカ系アメリカ人のスラム街を見たのです。そこには、あの老人の生活のような文化の香りや彩《いろど》りがなく、あるのはただ経済と文化の荒廃の極みだけでした。寒々としてすさんでいました。

その老人の生活文化は貧しくなかった

人々の暮らしを、経済的レベルでの貧しさだけで判断することはできません。親から子へ、あるいは親族集団内や村落共同体の生活圏の中で年配者から若者へと受け継がれる文化という無形の財産は、人々の生活にとって量り知れない豊かさをもたらします。逆に言えば、この文化の欠乏や欠落の状態は、貧困をより耐え難く、貧困からの脱出をより困難にします。

そして現在の日本で問題になっていることは、経済的貧困を抱えると同時に生活を支

えるあらゆるもの、人間関係、教育、職業、文化、知識、意欲等々の欠乏や欠落が起こり、それが次世代へ拡大再生産されているということです。経済だけでない、あらゆる貧困の、世代間連鎖《れんさ》の問題です。複合的な要因により、貧しい環境に育つ子ども世代は、親世代よりももっと貧しくなってしまう。そうした負の連鎖があるという厳しい現実が明らかになってきました。個人の努力だけではどうすることもできない、社会構造的な問題があります。いってみれば、私が八〇年代にアメリカで見た大きなスラムの貧困構造が、スラムの人口や地域規模をもっと小さくし、かつ日本中いたるところに分散する形で、出現していると思われます。

私が七〇年代初めに出会ったその老人は確かに貧しかったかもしれませんが、その文化や精神世界は決して貧しくなく、経済的に貧しい中でも生活を楽しむ術《すべ》を心得ていたと思います。

さて、私は、民生委員さんを通じて地域の人たちを説得する側に立ちました。

「火事を起こされたら困ると言われるけれども、十分に注意して生活しています」

呑んだくれて騒ぐ問題は……、この件はあえてふれませんでした。だって、別にその老人でなくたって酒を呑んで騒ぐ人は騒いでいます。彼が特別なのではありません。生活保護を受けているからといって、人並み以上に品行方正であることを求めることはできません。

不法占拠されている地主さんは黙認してくれました。地主さんが黙認して老人をそこに住まわせておくことを、地域社会の人々は暗黙のうちに了解してくれました。ということは、この老人がそこに住んでいることに対して、町役場の福祉の担当者のところへはもはや苦情が来なくなったということでした。

このようにして処遇方針の転換を図ったわけです。一人暮らしの病弱な老人を老人ホームに入れることだけが福祉の仕事じゃない、と上司を説得するのは困難でしたが、町の福祉担当の人は私の感動を理解してくれました。

「そうかあ、これでいいのか。考えてみりゃいい生活だよなあ」

この生活が成り立つように見守ることが最大の〝指導〟だというのが私の結論でした。ただし、今の健康状態でいる限り、ということなのですが。願わくばなるべく長く続きますように。

この生活は山中の孤独と厳しい自然条件と引き換えであることも事実です。友人はいませんでしたし、ペットも飼っていませんでした。真冬には氷点下になり、戸外の空気を遮断するのは薄っぺらで隙間《すきま》だらけの板壁だけです。暖は小さな囲炉裏《いろり》の火からだけです。夜は囲炉裏を抱え込むような姿勢で寝ます。

私は、この老人からこの丘の山菜の豊かさ、美味しさを教えてもらいました。裏のヤブの中に生えている山うどをひょいと手折《たお》って、ペッペと皮をむき、生味噌《なまみそ》をつけて食べさせてくれました。

「こんなんをつまみに一杯やればいいよねぇ」

私はうらやましくて、そんなふうに言いました。

本人の意に反した生活を強いられないこと

老人は、結局、道ばたに行き倒れていて病院に担ぎ込まれ、亡くなりました。遺体は町長裁量により大学病院に献体され、私と町の福祉担当の人とで不法占拠の小屋を解体し後始末をつけました。

ともあれ、この顚末《てんまつ》で良かったのかどうかわかりません。しかし、言えることは個としての生き方を尊重することの実際をこの老人から教えてもらったということです。

他者の人生について、自分の都合、周囲の都合だけで考えてはいけないというごく単純なことではありましたが、ソーシャルワーカーとしては非常にエネルギーが要った仕事でもありました。老人とのお付き合いはとても楽しいものでしたが、一方、当時の福祉に蔓延《まんえん》していた一人暮らしの貧しい老人への支援、イコール、老人ホームへ入所させること、という固定観念、福祉行政の中にある差別の問題と向き合わなければなりませんでした。地域で暮らすことを大切にしようということが普通になった今では、信じられない事態ではあります。

掘立小屋の老人は、結果的には、自分の生きたいように生き、そして亡くなりました。これができたのは、本人の気力、才覚、そして日常生活を一人で送れる程度には健康であったことが挙げられると思います。少なくとも、掘立小屋で寝たきりの状態にはならずにすみました。小屋で具合が悪くなった時に、自力で山を降り道路に倒れたところを救急搬送されて、結果病院で亡くなりました。大酒呑みですから、肝硬変《かんこうへん》を患《わずら》っていました。具合が悪くなると道路で倒れていては救急搬送されるという行動パターンは、老人の生活の知恵でもありました。

見かたによっては、ふてぶてしいやり方だと非難する人もいるでしょう。けれども客観的に見て、計算高い言い方かもしれませんが、そうしてもらったほうが、つまり老人ホームで暮らすよりも救急搬送にかかる社会的コストのほうが、対費用効果から言えばずっと安くつきます。

しかし、掘立小屋で寝たきり状態になったとしたら、どのような支援ができたでしょう。まずヘルパーさんは通うことができません。生活物資の搬入も困難です。本人の意思に反しても、入院とか特別養護老人ホームへの入所を考えざるを得ません。

したがって、老人に備わっていたギリギリのところでの生きる力がどれか一つでも欠けていたならば、どんなに生きたいように生きるといってもその生活を全《まっと》うできなかっただろうと思います。そして、多くの孤立無援の貧しい老人たちは意に反した生活を強いられるのがしばしばです。それは、現在も、です。ということは、孤立無援の老人の生活を、人間としての尊厳《そんげん》を保持しながらどのようにして守るかということは現在のソーシャルワーカーの大きな実践課題でもあるということなのです。

断固として入院を拒否した老人

掘立小屋の老人の顚末を思う時、その後出会ったもう一人の老人のことを思わずにはいられません。私はその老人の命は守ったけれども、その人らしい老後の暮らしを支えることができたかと自問する時、とても心残りがあります。

ある温泉街の裏通りにその老人は住んでいました。彼女はその温泉街で長らく芸者をして生活をしてきた人です。人生あれやこれやがあって、結局自分の家族といえる生活拠点を形成できず、年老いて一人で暮らしていました。天涯孤独《てんがいこどく》の身の上です。三畳一間の薄暗くじめじめした賃貸の部屋で、生活保護を受けながらの暮らしでした。

ある時、その地域の担当の民生委員さんから、彼女が部屋の中で転んで脚を骨折し、大変なことになっているからすぐ様子を見に来て欲しいという連絡がありました。居住地の町役場の福祉担当者と駆けつけました。

民生委員さんは、骨折をした時点で入院を勧めたけれども断固としてここで死ぬと頑張っていて動いてくれない、と言うのです。

もう十日ほども経っていました。狭い部屋の中は排泄物《はいせつぶつ》と膿《うみ》の匂いとが充満し、汚れ、散らかり、惨憺《さんたん》たるありさまでした。

私は、なぜだか分かりませんが、その老人には気に入られていました。家庭訪問すると、電気代を倹約したひどくぬるい炬燵《こたつ》に招き入れてくれて、ひとしきり世間話に花を咲かせたりもしていました。

そんな関係なので、私が入院を説得したら応じてくれるかもしれません。しかし、その読みは甘かった。がんとして私の呼びかけにも応じようとしません。ここで死ぬ、ここで死なせてくれと老人特有の甲高い声でわめくのです。どこにそんなエネルギーがあるかと思うくらいの必死さでした。

昼ごろその部屋に行き、もうそろそろ午後もまわり、病院に連れていくタイムリミットです。入院を勧めれば勧めるほど布団を堅く巻きつけ顔をそむけます。十日ほどもろくに飲まず食わずで、体はずいぶん衰弱しているはずですが、頑強な抵抗ぶりです。

私は最後の賭《か》けをしました。

役場の担当者と二人で老人を排泄物と膿がこびりついている布団ごと抱えあげて強引に車に乗せ、病院に連れていきました。事情を知らない人が見たなら、なんという修羅《しゅら》場《ば》だと思ったことでしょう。

一時間後、彼女は医療処置が終わって病室のベッドの上にいました。

もともと美しい人だったのですが、先ほどまでの惨《みじ》めな身じまいからは考えられないくらいの変身で、ピカピカと清潔になり本来の美しさを取り戻していました。

そして、ベッドの白い布団をトントン叩いて言うのです。

「あねさん、ここがいい。ここがいい……」

相好《そうごう》を崩して笑いました。

さっきまでのあの大騒ぎは一体何だったのかと、こちらのほうがきょとんとなってしまうほどの豹変《ひょうへん》ぶりでした。私は緊張が一気に取れて、その場にほとんどへたりこみたくなりました。

生きることの絶望と喜び

老人は、骨折してろくに身動きできなくなってから病院の清潔なベッドに納まるまでの約十日間、骨折の痛みに耐え、孤独で、迫りくる絶望にどんなにさいなまれていたことでしょう。このまま死にたいと切に願っていたことは嘘《うそ》ではなかったと思います。彼女が思いつく選択肢は死以外になかったことでしょう。

絶望のさなかで、このまま死にたいとの考えで心底凝り固まっている人には、何を言っても心に響くゆとりはありません。そんな場合は時間をかけて付かず離れずの見守りが必要です。けれども、この場合にはその時間はありませんでした。明日まで放置することができない切羽《せっぱ》詰まった事態でしたし、明日まで引き延ばす理由や見通しは何もありませんでした。明日また訪問して説得したら私の言うことを聞いてくれそうな見通しがたったなら、そうしていたでしょう。しかし、絶望的で孤独なもう一晩を過ごしたからといって、気持ちが前向きになる保証は何もありません。

本人の本当の気持ちは分かりません。推測に過ぎないのですが、死にたいとわめいてはいましたが、心のどこかで、このままではホントに死んでしまうという恐れも抱いていたと思います。私たちが物理的力を行使して強引に布団ごと抱えあげた時、彼女はもうわめきも暴れもせず、ちんと納まっていました。

入院したといっても、外科的な処置のための入院です。骨折は間もなく回復し、退院が迫りました。家に帰りたいとは言うものの、一人でぎりぎりまで頑張ってきたその気持ちはすでにぷつんと途切れているようです。体力も気力もありません。そのことは当人が一番よく分かっている。でも、どうしたらいいのか分からないからとりあえず家に戻ると言っているだけのようにも思えます。大家さんは、今までだっていろいろ頭痛のタネであった店子《たなこ》のことですから、退院と聞いてもいい顔をしないのは、ある意味当然でしょう。

結局、病院から直接、特別養護老人ホームへ生活の拠点を移す手配をしました。数ヶ月後、ホームで彼女に会った時、病院のベッドの上でのあの破顔一笑《はがんいっしょう》の生気ある表情は消えていました。

別の勤務地に転勤したあと、老人が亡くなったことを伝え聞きました。

私は、老人が絶望の中にあって喜びの光芒《こうぼう》を一瞬放ったことを見届けた証人であることに甘んじたいと思います。

日本の高齢社会のひずみ

掘立小屋の老人といい、実力行使で入院させた老人といい、老いた人の安心で安全な生活を守るというソーシャルワーカーの仕事は、過去のことではなくて、超高齢社会の現在こそ最も求められている仕事の一つです。

現在の高齢者の統計数値を示しておきましょう。二〇一一年現在、日本の六十五歳以上人口は約三〇〇〇万人、高齢化率二四・一%、四人に一人は老人だという時代はもうすぐそこです。老人人口三〇〇〇万人という規模とはどれくらいかというと、例えば他の先進国と比較すると、二〇一一年の国連の推定では、カナダは総人口約三四〇〇万人、オランダは総人口一七〇〇万人です。一つの国に匹敵《ひってき》する人口規模の老人を抱えてこれからの日本社会は生きていかなければなりません。

また、日本の高齢化現象の特色は、そのスピードにあります。国連で定義する「高齢社会」になるのに、日本はたった二十四年の歳月しかかかりませんでした。ヨーロッパの社会保障制度の進んでいる国の高齢化の速度は、長い国でフランスの百十五年、短い国ドイツで四十年です。

つまり、ヨーロッパ諸国は、高齢社会に対応するための社会の基盤整備にゆっくりと時間をかけることができましたが、日本は基盤整備をきちんとする間もなく、高齢社会に突入してしまった、ということです。したがって、あちらこちらに高齢者対策が遅れた社会のひずみが山積しています。社会のひずみにさらされ、自分の生活を防衛する力のない老人が増えています。

高齢社会にあって、ソーシャルワーカーが向き合うべき仕事のコアの対象は、生きる希望も手段もなく取り残されている老人たちの一群だということになるでしょう。私が向き合った老人たちの物語は過去のことではなくて現在の話でもあるのです。

第4話　〝お願い、わたしを施設に入れて〟

あまり見たくない、知りたくない辛《つら》い話をします。子どもが最も安全であるべき家庭内で受ける虐待《ぎやくたい》の話です。

私は実父に強姦《ごうかん》されている中学生の女の子からの相談を受けました。三十年ほど前のことです。

当時、このような相談ごとに対応する方法も手段もありませんでした。家庭の中で性的虐待を受けている子どもを救出するために児童相談所のソーシャルワーカーは徒手空《としゆくう》拳《けん》でした。徒手空拳であろうと、ソーシャルワーカーは深刻な事態に陥っている目の前の人に対してやるべきことをやらなければならない場合があるのです。ただひたすら、その少女が悲惨な状況から脱却するための手助けをすること、それがソーシャルワーカーの役割だと考えて挑みました。

現在では、二〇〇〇年に児童虐待防止法が制定されて、児童相談所のソーシャルワーカーがなすべき指針が作成されていますし、救出のためのさまざまな方法も手段も編み出されています。その後のケアも考えられています。しかし、私が家庭内の性虐待の問題に直面した一九七〇年代末当時、既成の方法や手段がなかった。ということは、まったく未知の問題にぶつかったら、ソーシャルワーカーはその場その場で対応を考え編み出していく以外にない、ということです。このようなソーシャルワーカーの仕事に対するあり方は本質的に現在も変わりありません。未知の課題に遭遇《そうぐう》した時、既存のやり方では対応しきれないなら、新しい何かのやり方や考え方を創造することもソーシャルワーカーの大きな役割だと思うのです。

また、子どもの虐待の話は、辛い話ではあるけれども、この世に生を受けたばかりの赤ちゃんから多感な思春期の少年少女に至るまで、家庭の中で虐待を受けて凄惨《せいさん》な苦しみの中にいる子どもたちが少なくないということ、そういう現実が現在の日本で起きているということを、私たちは見なければならない、知らなければならないと思います。その子はもしかしたらあなたの隣の席にそっと座っているかもしれません。訴える言葉もなく……。

中学生の少女の訴え

その相談は、当時、児童相談所の児童福祉司、すなわち、ソーシャルワーカーをしていた私にとっても、また児童相談所にとってもまったく初めての相談内容で、しかも極めて深刻かつ早急な対応を迫られる事態でした。

T子さんは実の父親から性交行為を強要されていました。子どもにとって一番安全であるべき家庭の中で実父からレイプされているという恐ろしい事態です。

ある年の夏のこと、彼女の通っている中学の担任の先生から電話がかかってきました。自分たちにはどうしたらいいのか分からない、相談に乗ってほしいと。

その中学校とは、校長先生をはじめとする先生たちと児童福祉司としての私との間にはすでに良好な意思疎《そ》通《つう》や連携《れんけい》が作られていました。きっかけはその中学に通う男子生徒が万引きをして警察官に補導され児童相談所に送致されてきたことからでした。

児童相談所では、一ヶ月間ほどの間に、それぞれの専門の職務の役割分担に従って、家族調査、学校調査、地域社会調査、心理検査、男子生徒の行動観察等をし、それらを総合して分析し、結論を出して中学側に伝えました。調査内容と結論は中学の先生たちにとって充分納得のいくものでした。

中学側では自分たちが一年かかってやっと分かったことを、なぜ児童相談所では一ヶ月やそこらでそこまで詳細に分かるのかと感心し、それ以来児童相談所の機能と力量というものを信頼し、いろいろな相談を持ちかけてくるようになっていたのです。不登校や子どもの家庭内暴力や万引き等どこの学校でも抱えているような問題を学校内だけで解決しないで、子どものために児童相談所の力を利用するようになりました。

担任の先生からの相談は極めて深刻でした。今まで扱ったことのない内容です。

〝お父さんから性行為を強いられている。もう家に居たくない。お願いです。施設に入れて……。助けて……〟。

T子さんは、担任の男性の先生に、概略そう訴えてきたというのです。

T子さんの家庭のだいたいの状況は、母親の問題を通じて把握していました。父親は妻が妊娠しているのに家に女性を連れ込んできて、妻の寝ている隣で性行為をするような人です。一ヶ月ほど前に、母親のほうは夫の暴力に耐えかねて子どもをおいて逃げ出し、遠くにある婦人相談所（都道府県に一ヶ所ずつある、女性のための専門の相談機関）の一時保護所に隠れてしまいました。だから、そのような家庭に子どもたちだけが残されているという情報は摑《つか》んでいました。

すぐに私は、放課後の中学の教室で、担任の先生とともにT子さんに面接しました。実にしっかりした少女でした。一刻も早くどこか子どもの施設に逃げ出したいという明確な意思を持っていました。母親は、婦人相談所を介して、T子さんを子どもの施設へ入れてほしいと言ってきました。お母さんのこの意思表示は彼女の決心の後押しになっていました。

後回しにした二つの問題

問題は父親の意思確認です。母親が子どもをおいて家出している現在、形式上は父親が未成年であるT子さんの面倒をみているということになり、つまりは親権を持っていることになります。親には子どもに対して親権としての監護《かんご》教育権（子どもを監督、保護して教育する親の権利）や居住指定権（子どもの住むところを決める親の権利）がありますから、親の意向を無視して、子どもを施設に入れることはできない。それが法律の仕組みです。

児童相談所として父親とどう話をするか。

彼女が希望通りに施設に入るためには、解決しなければならない問題が二つありました。この二つの問題は、T子さんの逼迫《ひっぱく》した状況を考えれば、できない相談でしたし、私にはそれらをクリアする能力も手段もありませんでした。

一つは、児童相談所が子どもを施設に入れるについては、親の同意が絶対的必要条件だということです。けれども、この状況で父親の同意を取り付けるのは至難の業《わざ》です。実の娘をレイプしているとは認めないでしょう。家庭の中の密室で起きていることですから、T子さんの訴え以外に客観的に実証することは困難極まりないことです。そこで、法律的なことの後先《あとさき》の順序をひっくり返して、まず少女を逃がすことを考えました。目下最優先されるべきことはT子さんの身の安全を図ることだと判断、決意しました。

もう一つは、T子さんからの話のみならず、もう一方の当事者である親の側の事情も聞かなければならないことでした。父親の弁明を聞かずして、T子さんだけの話で判断することの危険性です。しかし、T子さんの身の安全をはからないままに不用意に父親に接近することはさらに危険です。T子さんの面接を通し、彼女の訴えは、早急に対処しなければならない真実のものだと判断しました。父親の弁明はそれからでもいいと考えたのです。

児童相談所が児童養護施設をなるべく短期間のうちに手配することにしました。そして、児童養護施設に入所して生活するために大切な持ち物を学校へ順次運び込み、担任の先生に預かってもらうことにしました。

次の日から彼女は、少しずつ自分の荷物をまとめては先生のところに持ってきました。一日延びれば延びるだけ、T子さんにとっては父親との恐ろしい家庭の生活が控えているのです。私にとってもスリリングなことでした。父親の意思確認抜きでそのような手はずを整えていることについて、私が父親から訴えられたり、暴力を受けたりする可能性は実に高かったのです。酒を呑《の》んでは暴れ、地域社会では鼻つまみ者の父親です。父親はすぐ近くに住んでいますから、学校の先生はもっと怖かったでしょう。なによりもT子さんは、父親に不審な行動をしているといつ気づかれるかと怯《おび》えていたと思います。

一週間ほどの間に、無事T子さんを児童養護施設に逃がしました。担任の先生に預けておいたといってもわずかな荷物です。その荷物を持って、家から車で数時間かかる遠くの児童養護施設に行きました。

あらかじめ事情を聞いていた施設の職員に静かに温かく迎えられました。夕方、私と別れる時、T子さんはかすかに微笑んでいました。緊張の日々から解放されて、ほんの少しだけ安堵《あんど》があったのでしょう。この安堵と引き換えに、十二、三歳の少女は今夜から地縁も血縁もまったくない、誰一人知っている人のいないところで見ず知らずの人たちと暮らしていくことになったのです。ここで自分の人生を切り開いていかなければなりません。そのことをよく分かった上で、実の父親の行為から逃れるための覚悟の選択でした。初めて中学で面接した時、私はT子さんのこのゆるぎない覚悟を確信しました。法的な手続きの順序は逆になるけれども、私はソーシャルワーカーとして少女の覚悟に寄り添うことを決心したのでした。

恐らく、当事者であるT子さんの覚悟に寄り添おうと決意できたのは、ソーシャルワーカーとしてなんとしてでもこの状況を打開せねばならないというプロ意識があったからだと思います。T子さんに面接をして、彼女のなみなみならぬ覚悟を知り、それに寄り添うことがこの際すべきことだと考えました。

父親との対決

さて、T子さんを施設に逃がして、いよいよ私がしなければならないことは、父親の意思確認、同意を取りつける面接でした。これは文字通り父親との対決になるでしょう。逃げるわけには行かない職務です。

父親の自宅を訪問する前の晩、私は寝つかれなかった。明日は父親とどう対決したらいいのかと……。何しろ相手はヤクザまがいの乱暴者だし、私は法的には父親のT子さんに対する監護教育権や居住指定権という親権侵害の逸脱《いつだつ》行為をしていますから。ただ、父親はお酒を呑まなければ人と対等に話すこともできない小心な人でもあるとのことでした。

地域の児童委員さん（ボランティアで子どもの問題の相談に応ずる人。一般的に民生委員が兼ねている）と自宅を訪問しました。

父親は狭い乱雑な部屋の真ん中にどっかとあぐらをかき、酒を呑みながら待ち構えていました。

現れた私の姿を見てぎょっとしてひるんで、父親がひるんだそのことで勝負は付きました。喧嘩《けんか》腰《ごし》で構えていた父親の緊張の糸が私より先に切れた瞬間です。父親のわずかな気持ちの変化の瞬間を私は読みとることができました。これで大丈夫、私は自信を持ってこの父親と対決できる、と。

部屋に上がりていねいに挨拶《あいさつ》と自己紹介をしたあと、単刀直入に切り出しました。

「T子さんに何をしたのか、お父さんご自身が一番よくご存知ですよね。T子さんは児童相談所でお預かりしました。ついては、親の承諾が必要ですから、この同意書に署名捺印《なついん》してください」

父親からの反論も苦情もまったくなく、十分もかからず決着が付きました。

実はその時私は妊娠八ヶ月で、ことのほか大きなおなかを抱えて、ゆっさゆっさしていました。何しろ、あと一、二週間で産休に入るという時期で、車の運転をするのにハンドルにおなかがつかえて苦労する状態だったのです。

児童相談所の児童福祉司といえども公務員ですから、当時の地域の人々から見れば〝お役人〟です。T子さんの父親は、いかつい男性を思い浮かべていた、あるいは若い女が役人であることなど思いもしなかった、のでしょう。臨月近くで、しかも、非常に歳若く見える女が現れるとは予想もしていなくて、虚《きよ》をつかれたのだと思います。私は三十六歳でしたが、普段から歳よりも若く見られていました。父親に色濃く染み付いた男尊女卑《だんそんじょひ》の観念に感謝します。それまでに男女の差別的扱いで得をしたことはありませんが、その時ばかりは父親の思い込みに感謝、です。そして、当時私のおなかの中にいた娘にも感謝します。娘はおなかの中にいたころに偶然母親の後ろ盾になったせいかどうか、生まれたあともすごい世話焼きで今も頭が上がりません。

T子さんは、中学卒業後、寄宿舎のある工場に就職してやがて結婚し、落ち着いていると施設の職員から伝え聞きました。

もちろん私ひとりが踏ん張ったわけではなくて、彼女に関係するいろいろな人がその場その場で踏ん張ってくれたからですが、要《かなめ》はやはり児童相談所のかかわり方にありました。児童相談所でなければ児童養護施設の手配や入所決定をすることができない仕組

みだからです。いくら周囲がやきもきしても児童相談所のソーシャルワーカーがT子さんの深刻な状況に関して躊躇《ちゅうちょ》したり逡巡《しゅんじゅん》していたなら前へは進みません。

私は、T子さんの切羽《せっぱ》詰まった状況に引きずられるようにして、思わず夢中でとっと橋を渡ってしまった。今のように性的虐待児に対する支援の方法論や手段が整備されていない時代です。短期間のうちに手探りで突き進むしかなかったとはいえ、振り返るとその橋は今にも落ちんばかりの危険な橋でした。

橋を渡り切れたのは、T子さんの生きる力と勇気に導かれたからだと思います。この点はどんなに強調しても強調しきれません。

児童虐待の四類型

ここで、日本における児童虐待の問題をあらためて概観してみましょう。

日本では一九九〇年代ごろから、親や近親者による子どもの虐待の問題が社会的に表面化してきて、その対策が立てられるようになりました。そして、二〇〇〇年に児童虐待防止法が制定されて本格的に国としての取り組みが始まりました。

親や近親者による子どもの虐待は昔もありました。しかし、これは親による子どもの〝しつけ〟の問題で、他人にとやかく言われるべきことではないと片づけられてきました。

一九八九年に国連総会において「子どもの権利条約」が採択され、条約を批准《ひじゅん》した国には「あらゆる形の身体的暴力、精神的暴力、放置、不当な扱いや搾取を受けることから子どもを守るために適切な立法上、行政上、教育上の措置をとる」ことが求められました。日本はこの条約を一九九四年に批准しました。批准の経過の中で、子どもにとっての最善の利益を守るという観点から、日本における子どもの状況を細かく見つめ直すことや法制度の見直しが進められるようになってきました。その一環で二〇〇〇年に児童虐待防止法が制定されたのです。

子どもに〝しつけ〟としての暴力的な体罰は必要だ、と考える人が少なくないのも事実です。けれどもしつけだからといって、無制限に子どもに暴力をふるったり心理的圧力を加えていいわけがありません。どんなに幼くても子どもはひとりの社会的、人格的存在として守られ尊重されなければならないのですから。

子どもの虐待といってもさまざまな状態があります。児童虐待防止法では虐待を四つの類型に分けて考えています。

1　身体的虐待：子どもの身体に物理的な暴力を加えて怪我をさせたり、最も過酷な場合には死に至らしめる場合などを言います。比較的理解しやすいし、身体に明確な痕跡《こんせき》がありますから発見もしやすい虐待です。保護者はしばしば〝しつけ〟だと言い張ります。

2　ネグレクト：聞きなれない法律用語です。子どもは生まれてから成長して社会人になるまで長い期間保護者に保護や養育をされて育ちます。適切な保護などを受けられない、つまり、健康や安全に配慮されないまま養育を放棄されている場合を言います。長期間入浴もさせない、衣服も換えないで不潔にしておくとか、十分な食べ物を与えないなどが例として挙げられます。死に至る場合もあります。

3　心理的虐待：繰り返し、繰り返し、言葉による脅かし、ののしりや脅迫、子どもの存在を無視したり、拒否したり、自尊心を傷つける行為を言います。ドメスティック・バイオレンス（ＤＶ）と言って、夫が妻に暴力をふるうのを子どもが見て育つ家庭環境も心理的虐待の一種です。自分の存在を肯定的に受け止めてもらえないことは、子どもの身体的・精神的発達に甚大《じんだい》な影響を及ぼします。この傷は目に見えませんが、適切なアフターケアを受けられないと生涯にわたる心の傷を背負うことになる場合もあります。

4　性的虐待：大人が子どもと性交をしたり、大人の性器を触らせたりなど性的行為を強要したり、大人が性交している様子を見せつけたり、子どもをアダルトビデオやポルノ写真のモデルにしたりする行為を言います。この加害者は父親や養親など、子どもにとっては身近な人が多いのです。子どもに心理的・精神的に大きな傷を残します。子どもの魂の殺人とも言われます。心の傷は目に見えませんから、癒されるには長い時間と手厚いケアを必要とします。

これらの虐待されている子どもの相談窓口になる児童相談所は現在（二〇一一年）全国に二〇〇ヶ所余りあります。二〇一一年度一年だけでも虐待に関して相談を受け付けた件数は約六万件です。児童相談所で「虐待」という項目で統計を取り始めたのは一九九〇年で、その年は約一一〇〇件でした。この二十年ばかりの間の増加は目をむくばかりです。

この急激な増加の理由は、今まで家庭内のことで隠されていたことが〝虐待〟として社会の関心が寄せられ掘り起こされたことも影響しているでしょうが、他にもいろいろ原因があります。家族の形態が核家族化し、育児に関して相談できる身近な人が少なくなり、母親が一人で悩み、背負いこんでしまうこと。社会それ自体が不安定となり一番弱い子どもに攻撃が向いてしまっていることなどが挙げられています。赤ちゃんが虐待で死亡というニュースも時々報じられます。深刻な事態です。しかも、児童相談所がかかわっていたにもかかわらず、子どもが殺されてしまったという痛ましい事件が報道されるのも稀ではありません。

発見されにくい性的虐待

さて、虐待の四類型を読んでいるだけでうんざりする人もいるかもしれません。うんざりする感性を大切にしてほしいと思います。しかし、目をそむけないで下さい。目をそむけるということは、とりも直さず、こんなにひどいことがあるのに、ないと強弁することに加担することになりますから。

現実に慣れてしまわないように、うんざりする感性を鈍らせないようにすると同時に、なぜそのようなことが起きるのか、そのような子どもたちをどのように保護したらいいのか、受けた傷から回復するためにどうしたらいいか、そもそも虐待をなくすためにはどうしたらいいのかと考える知性も大切にしてほしいと思います。虐待されている子に同情する気持ちも大切ですし、そのような現象が起きる社会的背景や原因についても考える知的探求心も大切だと思います。

さて、最初に話した中学生の少女は、虐待の四つの類型のうちの性的虐待を受けていました。しかも、現在のように法制度や相談体制が整備されるずっと以前の七〇年の終わりごろの話です。

児童相談所には児童福祉司と呼ばれるソーシャルワーカーがいます。相談の内容は多《た》岐《き》にわたります。私が児童相談所のワーカーをしていたころは、子どもを育てられないとか、生まれてきた子に障害があってどうしたらいいか分からないとか、子どもが万引きしたり非行に走ったり、不登校だとかの相談が多かった時代でした。また、暴力と言えば、子どもが家に引きこもって、親にあたりちらす子どもによる家庭内暴力が一般的で、親が子どもに暴力をふるうということはあまり表には出てきていませんでした。恐らく、親による子どもへの過激な暴力は行なわれていたのでしょうが、それは〝しつけ〟と称されて見過ごされていたのではなかったかと思います。

一九八〇年代初めごろから九〇年代にかけて、ようやく親による子どもの虐待の問題がほんの少しずつ見えてくるようになりました。とはいえ当時は、児童福祉の分野では、家庭内で起きている児童虐待の問題、ましてや性的虐待を受けている子どもの問題はあまり大きな話題になっていませんでした。したがって現在のように、家庭の中で暴行を受けている子どもに児童相談所がどうかかわるかという手続き的な手段や、現に虐待している親にどう接近していくかという方法はまったく五里霧中の段階でした。家庭はプライバシーそのものですから、家庭の中で起きていることは、家庭の中からSOSが発信されないとなかなか外からは入り込めないものがありますので、子どもの危機を察知したら強制的に立ち入るための社会的仕組みを必要とし、ようやく二〇〇〇年代になって体制が整い始めました。

さまざまな児童虐待の中で性的虐待は、最も発見されにくく、また一定の歳に成長したら当人から直接訴えにくい虐待です。

性暴力被害を受けた被害者の多くは、子どもであれ大人であれ、訴えることをしません。性暴力は、心身に甚大なダメージを与えると同時に、被害を被害として訴える力そのものを剝奪《はくだつ》するほどの威力があります。訴える力を奪うので、訴えられなくなるのです。

二〇一一年に児童相談所に約六万件あった虐待の相談内容のうち、性的虐待に関する相談は千数百件に過ぎません。物理的暴力は身体に痕跡がありますし、隣近所にも響きますから、異変を知った学校や保育所、近所の人が通報することができます。警察も駆けつけることができます。しかし、家庭という密室内でひそかに行われる性暴力は外にはなかなか分かりません。幼い子の場合は自分が何をされているのかさえ分かりませんし、一定の年齢になれば自分がされたことを理解できるので、かえって誰かに訴えることができません。

加害者の多くは実父であったり継父であったり、顔見知りの人が多く、決して言うなと口止めをします。子どもはこの呪縛《じゅばく》から離れることができません。親しい関係の例として学校の教師も例外ではありません。本来親密で信頼を基礎とする家庭や学校での人間関係の中で襲われたら、子どもはいったい誰を信頼すればいいのでしょう。物理的・精神的ないじめでさえ子どもは訴えようとしません。性暴力被害は被害者なのに被害者だと訴えられない、そのような理不尽《りふじん》極まりない特性があります。

信頼関係が出発点

性暴力被害は被害当事者が訴えることをしなかったら、なかなか明るみに出ることはないのです。極めて訴えにくい状況下で、訴えにくい被害を訴えてきたT子さんの勇気に大人としてはただただ感謝あるのみです。

担任の先生は男性でしたが、T子さんは信頼していました。だから訴えることができました。訴えがなければそもそもこの件は始まりません。信頼関係ができていたことは極めて大切なことです。彼女の勇気と先生との信頼関係とが重大な出発点です。学校が児童相談所を信頼してくれたことも大きな要素です。

一番の当事者はT子さんで、彼女は断固とした意思を持っていましたが、もしも、周囲の人々が彼女の立場に徹底的に立つことができなかったなら、どうなっていたことでしょう。彼女の立場に即座に立つことができない正当な理由は付けようと思えば付けられます。特に行政機関である児童相談所が法的手続きを踏み外すなどということは、あってはならないことなのですから。

一人の人生に甚大な影響を及ぼす立場にある、ということの恐ろしさをかみ締めます。T子さんの幸せな顚末《てんまつ》を考える時、ある意味ぞっとします。ソーシャルワーカーの腕、つまり判断や分析、行動が悪ければその人の人生は狂います。

人の人生はさまざまで、時には法の想定していることを超えて、多様な矛盾が起こります。専門的な職業を通じてその矛盾に直面することになるわけですから、最終的にその矛盾に直面するかどうかは、ソーシャルワーカーであるその個人が自分の職業的専門性をどう考えるかに委《ゆだ》ねられます。つまり、法がその行為を許していないからという理由で、矛盾を避けることもできるし、避けたからといって責められることではありません。公務員としての立場に立って判断することにも正当な理由があります。また、専門家の立場に立って判断することにも正当な理由があると考えます。

T子さんの問題を扱った時、私は徒手空拳だったと最初に述べました。私はT子さんの切実な願いと断固とした覚悟に寄り添うことにしました。一刻も早くこの悲惨な事態からT子さんを逃がしてやりたいと。しかしそれは同時に公務員としてはT子さんの父親の親権を侵害する重大な逸脱行為になります。結局、個人として自分の専門家としての判断に従いました。

制度の不備や社会の矛盾が個々の人々にもたらす不利益について、最終的には一人の人間として、何を基準にしてどう向き合うかに尽きると思います。このことは、ソーシャルワーカーに固有の問題ではなく、社会に生きる全ての人に多かれ少なかれ突きつけられる問題です。

できることをできる限り

そうは言っても、ソーシャルワーカーの仕事は社会の中の矛盾のかたまりみたいな混《こん》沌《とん》と向き合わなければならないし、向き合おうとすればするほど、制度や法と現実に起きていることとの狭間《はざま》でがんじがらめになってしまいます。

ソーシャルワーカーとして社会の矛盾に直面しなければならなくなった時、私の基本軸は、ソーシャルワーカーとしての理念または倫理観や感性に正直になるということでした。

ソーシャルワーカーは、社会の極めつきの矛盾と遭遇することの多い職業です。社会の制度や仕組みと現状との間の大きな矛盾に出会った時、その矛盾に介入ができる何らかの権限や力を持っているなら、私は、私の判断を信じようと考えます。それがプロフェッショナルとしての仕事のやり方だと思うのです。

現実にT子さんの決意と選択を支えることが私にできる最大限のことでした。私にできる最大限のことをしようと考えたのです。

ソーシャルワーカーとしてこのような場合は如何《いか》にあるべきかなどという一般原則はありません。自分が持っている権限を行使して、できることをできる限りする以外にないと思います。矛盾に満ちた状況の中で自分にできることの幅は、その人の持つソーシャルワーカーとしての能力と共に倫理観や感性の幅に規定されるでしょう。

第3章　ソーシャルワーカーの力

前章でソーシャルワーカーが実際に関わったエピソードをいくつか、どこの誰《だれ》かが分からないように脚色を施してお伝えしました。ソーシャルワーカーの仕事の基本的な考え方や実践方法がこれらのエピソードの中に駆使されています。

そこで、もう一度第2章の第1話に戻って、私は行き倒れていた男性を立ち上がらせて、福祉事務所まで連れていくことが、なぜできたのかを、振り返ってみましょう。ソーシャルワーカーとしてどのような力量が発揮されたのでしょう。ソーシャルワーカーと生活課題を抱えた人との間に何が起きたのでしょう。

その頃の私はうつ病による療養休暇中で、在宅治療をしていました。その男性とは、通院治療の帰りに偶然出会ったのです。週二日通院で、久しぶりに午前中から診察に行くことができるほどに気分が良くて、人のことも多少は何とか手を差し伸べるゆとりがありました。とはいえ、自宅に戻っても、男性に神経を集中させた疲れは相当なものでした。それでもなお職業的な習性から記録を残したのでした。

さて、男性を動かすことができたのはたまたま私に気分的なゆとりがあっただけではなく、ソーシャルワーカーとしての技量を発揮したからだと思います。

見知らぬ行き倒れの人に声をかけ福祉事務所まで連れていくことができた要件に何があったか、考えてみましょう。

相手を動かす三つの要件

この男性は、第1章でふれた、ソーシャルワーカーの相手とする人の類型で言えば、第4の類型の人と思われます。

生きる手段を全く持たず（貯金の残高わずか二〇円！　これから先のあては何もなくただ道端に行き倒れていた）、生きる意欲も失われかけていました。わずかに残っている意欲に私は働きかけ、引きだすことに成功したのでした。

私には男性を動かす三つの要件が備わっていたのだと思います。

以下の三つに序列はありません。

一つは、社会福祉の知識です。もう一つは、どう働きかければ絶望している人は動くかというソーシャルワークの技術です。もう一つは、困った状況にいる人へのやさしい心です。やさしい心という言い方があまりにも情緒的すぎるとしたら、困難な状況にある人に対する社会正義と言ってもいいでしょう。

三つの要件について、「温かい心と怜悧《れいり》な頭脳」というフレーズで説明する人もいます。この言葉は、もともとは、一九世紀から二〇世紀初頭にかけて論陣を張った経済学者のアルフレッド・マーシャルの言葉とされています。社会的な事象を解明しようとする場合には、情と知の両方が必要なのだということです。

現実はしばしば逆で、冷たい心とカッカと燃える頭で対応する場合がありますね。そのことを引き起こした原因に無頓着《とんちゃく》・無関心で、結果だけに着目してエキサイトする社会現象はよく見られることです。

二〇一二年の春に、有名芸能人の母親が生活保護を受給していたため非常な社会的バッシングを受けたという話を前に書きましたが、「冷たい心とカッカとする頭脳」のいい例です。この芸能人とその母親の生活保護受給がリンクして語られましたが、だからと言って、母親が生活保護を受給することのどこが問題なのでしょう？　あんなに金もうけしている息子が母親の生活の面倒をみないということは道義的に許せない、ということのようです。しかし、今の社会に蔓延《まんえん》しているねたみやそねみの気持ちをあおりたてたり、道義的に許せないと特定の個人を叩くことによって、生活保護制度の何が改善されたでしょう。井戸端会議のレベルでメディアがエキサイトし、結果、生活保護制度を必要としている人々への社会の反発を強めてしまったのではないでしょうか。

破綻《はたん》に瀕《ひん》している国家財政の立場では、大衆的な支持のもとに福祉の予算を削りたいと考えています。生活保護制度の運用の引き締めを図る口実に使おうとしました。表面に現れた不条理のみを感情的に叩いて、その元の制度矛盾の根本、つまり冷静な分析を避けたメディアの責任は大きいと思います。これに付和雷同《ふわらいどう》した人々の存在も……。

話がそれました。三つの要件に従って分析してみましょう。ただし、必ずしも三つにきれいに分けられるものではなく入り混じっています。

行き倒れた男性を動かすのにどのような社会福祉の基礎知識が必要だったのでしょう。

①私には、ホームレスの人の実務的な救済は第一義的に福祉事務所がしなければならないとの確信がありました。雨露をしのぐ場所とお金がなくて路上に寝ているホームレ

スの状態は、究極の貧困の状態といえるでしょう。福祉事務所は国民の生活を守る最前線にあたる行政機関です。ホームレスの状態にある人が、今の状態を何とかする制度はないかと生活保護の相談や申請に福祉事務所を訪れた場合、住居を持たないという理由ですげなく断られる例が頻発《ひんぱつ》していましたが、とんでもない本末転倒《ほんまつてんとう》だと考えていました。

②また、私には福祉事務所という公的機関を相手に交渉する能力と知識がありました。私にとって、福祉事務所は既知のところで敷居の高いところではありませんでした。もしも、福祉事務所の応対がすげないものであれば、そこで粘ることができます。男性を福祉事務所に連れていく道すがら、彼の緊張をほぐしつつ、福祉事務所に対してどのように交渉していくかを考えていました。強面《こわもて》でいくか穏やかに交渉するかは相手の出方を見ながらにしても、やるだけやってみようと……。

③ホームレスの状態にある人への一般的な理解と福祉事務所の役割の理解と、加えて、ホームレスの人々への制度施策がどのようになっているかについて熟知していました。

以上が、私が自信を持って男性を連れて、見ず知らずの福祉事務所に飛び込んでいった背景です。

知識と技術が重なり合って

男性はともかく私の呼びかけに応えてくれました。何が功を奏したのでしょう。知識と技術が重なり合っている部分です。もちろんここには長年の経験知の蓄積があります。

①私は、道端で寝転んでいる彼のような人に、どのように声をかければいいのかを知っていましたし、実際に慣れてもいました。このような場合には、突っ立ったままではなく、腰をかがめて穏やかな調子の声かけが必要なのです。穏やかに、ゆっくりと、がポイントです。

反応を見ながら声をかけて、その先どうすればいいのか、ある程度予測ができていました。そして、男性が乗ってきやすいと思われる明確な方法を順次提示できたことが挙げられます。救急車か否かの判断をし、福祉事務所へ行くことを提案し、その具体的な方法を示し、最後に私が同行することを提案しました。

②声がけをして、無視されたら引き下がるより仕方がありません。応じてくれたなら、

それをよりどころにして徐々に彼の気持ちの中に入っていく順序を心得ていました。

最初、声かけをした時、返事がありませんでした。でも、背を向けたりして積極的な拒否の意思を示すこともしませんでした。積極的に拒否することができないほど気力がなく弱っていたのかもしれませんが、私は、男性が積極的に拒否していない、このことにかすかな男性の意思を見てとって、そこに賭《か》けて、穏やかでゆっくりしたペースで声かけを続けたのです。このあたりの駆け引きは、ほとんどは修練と言うか経験、試行錯誤しながら獲得していく力です。応じてくれなかったなら、救急車を呼ぶかどうか思案したことでしょう。

③私は、Tさんの「死にたい」という気持ちを否定も肯定もせずに、〝そう、死にたいの〟と受け止めました。そして、Tさんの外見にも、発せられることばにもたじろぎがなかった。淡々としていたことを挙げたいと思います。

普通は、恐る恐る声かけしたのに、開口一番に、死にたいなどと訴えられればたじろいでしまい、次にどう対応したらいいのか困惑することでしょう。この場面で私が発揮したのは、ソーシャルワークの技術原則の一つ、〝受容〟ということです。今目の前に行き倒れている人は死ぬしかないという深刻な気持ちに陥っているのだ、ということをありのままに受け止めたのです。死ぬしかないかどうかは分かりませんが、死ぬしかないという〝気持ち〟になっていることは確かなことのようです。

「そうですか。あなたは死ぬっきゃないと思っているのですね」と私が受け止めたという気持ちを込めて返したのです。「死ぬっきゃない」と言っている人に、何も事情を知らずに、「死んじゃだめですよ。生きていればきっといいことがあるんだから」などと安易であてのない慰めを言うことはできません。今の状況にあてなどないことを本人が一番よく分かっています。一番よく分かっている本人を前に、あてのない慰めを言ったら、その気力があれば、怒りだすことでしょう。「てめぇに何が分かるか！」と。

切羽詰《せっぱ》まった最中にいる人に、事情も分からずに何も言えません。だから、命を大切にという一般論だけで、死なないでほしいと伝えることはできません。そのような一般論だけで行き詰っている人が動くのであれば、どんなに楽なことでしょう。

路上に行き倒れて死にたいと言っているのですから、本人は本当に死ぬ以外に道はないと思っているのでしょう。客観的な状況から言えば、昼日中、呑《の》んだくれて垢《あか》まみれになって、地下鉄駅の入り口で寝転がっているのですから、人生を捨て、生きることを捨て、残るものは絶望以外に何もないのでしょう。私には、その男性の絶望＝死にたい気持ちを否定する材料も肯定する材料もありません。死にたいと思っているその気持ちを素直に受け止める＝受容するしかありません。もちろん、私は自殺行為を肯定してはいませんが、その状況であれば死にたくもなるよね、という肯定の仕方はあるでしょう。

受容することと自己決定の尊重

実は、彼の場合の受容は容易なことではないのです。切実に死への願望を口にする人を前にした場合、普通の人はうろたえるでしょう。しかも、彼は単なる冗談ではなく、真に悲惨な状況の中で、死にたいと言っているのです。死にたいと言う相手の気持ちを受け止めてしまうと、自分自身の存在が揺らぐし、心の安定を保てません。だから、相手のためにではなく、自分のためにも否定したくなります。相手のその気持ちをありのままに受け止めるには相当のエネルギーを要します。

男性の本当の気持ちは分かりませんが、絶望の中に行き倒れている自分に対して安直に慰めようとしないで、死にたいと思っている気持ちを素直に受け止めてもらえて、かえってホッとしたのではないでしょうか。「死んじゃ駄目ですよ」などと事情も分からずに言われたら、自分のこの絶望的な気持ちをお前なんぞが分かるかと背を向けたことでしょう。

　男性は、ごく世俗的な見かたをすれば、社会の落ちこぼれの風体をしていました。そのような風体ではあるけれども、間違いなく一人の人間です。私は一人の人間である彼に対等に向き合おうとしました。言葉遣い、話しかける姿勢など、初めて会話を交わす病人に対するようにしたのでした。だから、酒の匂いがぷんぷんとしていても、アル中であることが本人の口から語られても、そんなことしちゃ駄目じゃないですか、とか、まして、だから、今のような状態になったのは自《じ》業《ごう》自《じ》得《とく》だなどとお説教めいたことは言いませんでした。態度にも否定的なそぶりを見せないように努めました。あくまでも、男性のその状態に対してニュートラルな対応です。現在の困難な状況について語り合うべき人間関係ができてもいないのに、一方的に価値判断を下して相手の行為を断罪しても何の益もありません。

福祉事務所へ行く道すがら、若干彼の気持ちがほぐれてきたところで、私はタメ口になりました。私のほうが年上ですし、ていねいに話すよりもタメ口のほうがもっと緊張が取れるかな、と考えたのでした。

ところで、どう生きるかを選ぶのは最終的には本人が決めることです。これを自己決定と言います。ソーシャルワーカーの支援原則から言えば、本人の決めたそのこと、自己決定の尊重ということになります。ソーシャルワーカーは選びやすいように考えやすいように、多くの選択材料を提供し、選ぶことによって起きる結果を本人に分かるように伝えるのが仕事です。この場合は、私が順次示した方法を自分で判断して乗ってきました。

とはいえ、もしも私が、ビルの屋上などで今まさに飛び降りようとしている人に遭遇《そうぐう》したなら、どう生きるかは本人の選択だ、などという悠長《ゆうちょう》なことを言っていないでしょう。即座に止める行為にでるでしょう。命あって人生があります。当たり前の話ですが、命のない人生はありません。ソーシャルワーカーが支えようとする選択は、命ある人生をどう生きるか、なのであって、どう自死するかではないと思います。死の宣告を受けた終末期の患者さんであっても、ソーシャルワーカーは死に向かって生きている患者さんのその生きるプロセスに同行するのだろうと思います。

内在する力に働きかける技能と感受性

ソーシャルワーカーの支援の原則の一つは、自己決定の尊重ですが、本人が決めればすべてそれを尊重するかと言えば決してそうではない。自分の命を自分で始末をつけることを認めないように、他人の命に手をかける決定も支持するわけにはいきません。殺したいほど親や夫を憎んでいてその気持ちは理解できるにしても、だから殺しなさいと正当化することはできません。同じように、自分の尊厳《そんげん》や他人の尊厳を脅《おびや》かす行為も認めるわけにはいきません。つまり、そのような行為を支援しません。

他人の身体を傷つけてはいけないように、自分の身体を傷つけること、例えばリストカットなどの自傷行為を肯定することはできません。自分の左腕をすだれのようになるまで傷付けずにはいられない、そのようにしてしか自分が存在し、生きていることを確認できないでいるそのような状態にあるということを理解しようとします。だからと言って、いくらでもいいから傷つけなさい、それであなたの気が済むのなら、とも言えません。何も言えないけれども、結局のところそのように自分を傷つけずに、人をも傷つけずに生きる筋道を探す途《みち》に同行しようと思うのです。

そして、最後に、男性を動かすことができた理由として、私の彼への気持ちと彼の私への信頼との相互交流を挙げましょう。

その時、私は、あなたの今のその状態を見過ごしにはしない、という断固とした態度で接することができたと思います。いつもそうとは限らないのですが、ワーカーとしての勘が働いたとしか言いようがないのですが、彼が人の助けを必要としているまさにその時に声をかけることができたように思います。

しかし、ワーカーとしての勘を働かせるにはそれなりのゆとりと経験の蓄積がなければできないことです。私にはその時、その人に付き合う気力がありました。このような状態の人に職務としてではなく〝普通〟の市民として寄りそうには、かなりのエネルギーが必要なことは事実です。

男性の側にも私の差し伸べた手をにぎるモチベーションと力が残っていました。幸運なことです。男性は酔ってはいましたが、コミュニケーションは取れる状態でした。これは、本人の力、プラス、ソーシャルワーカーとしての私のコミュニケーション能力・技術・技能などが複合的に作用した結果だと思います。

泥酔状態であれば救急車を呼んだでしょう。そして、何より大切なことは、死ぬっきゃないと言いつつ本心は生きていたいと願っていたことです。この願いは彼自身も自覚してそう願っていたわけでなくほんのかすかな生きる本能のようなものだったと思います。私は、本能、すなわち内在する力に働きかける技能と感受性を持ち合わせていて、非常に運よく男性の願いに対応できた結果だと思います。

男性は見ず知らずの私を信用して付いてきて下さいました。

これこそが、その時の男性が持っていた生きる力です。

私の側から言えば、私のソーシャルワーカーとしてのすべての技量をかけて信用してもらえるよう働きかけ、わずかに残っていた生きる力を引き出すことに成功したのでした。わずかに残った生きる力は第三者のソーシャルワーカーの働きかけなしには表に出ることはなかったでしょう。

第4章

ソーシャルワーカーの仕事の広がり

ソーシャルワーカーの仕事は、主としてその時代が持つ最も矛盾した局面に携《たずさ》わることになりますので、時代によって守備範囲の変遷《へんせん》があります。そこで、ソーシャルワーカーの職業が成立してきた時代背景と現在はどんな広がりを持っているのかを見てみましょう。

ソーシャルワーカーの起源

ソーシャルワーカーという職業は一九世紀にイギリスを中心とするヨーロッパで生まれ、アメリカにわたって、アメリカとヨーロッパの双方の地域で、実践も理論も磨かれ成熟してきました。

一八世紀から一九世紀当時のヨーロッパやアメリカは、産業革命が進展している最中です。目覚ましい生産技術革新、流通システムの進展の中で飛躍的に生産規模が拡大し、巨大な富を生み出す社会に変貌《へんぼう》を遂げていました。しかし工業化という生産活動の基本構造の変化は、社会階層としての膨大《ぼうだい》な労働者層を生み出すと同時に、労働者の中に極めて貧しい労働者群も生みだしました。これら貧しい労働者は都市に集中し、彼らが住む地域はスラムと呼ばれました。

ソーシャルワーカーの仕事は、これら都市に集まる貧しい人々を救う慈善事業の活動から生まれてきた歴史があります。

キリスト教の信者たちが、今日食べるものにも困っている人々に同情して食べ物や衣服を恵む活動が源流になりましたが、そのような活動を行なう人々は、やがて貧しい個人にただ恵むだけでは極貧という問題は解決しないことに気が付いてゆきました。恵みによってその日の飢えは満たされても、明日もまた同じ日々が続くのです。

貧しい人々は、単に怠け者だからアルコールに溺《おぼ》れているから貧しいのではなく、貧しさを生みだす原因というものがあることに気が付き、目をとめるようになりました。

原因に目をとめて見えてきたことは、貧困を生みだす社会環境そのもの――失業や不安定な職業、不衛生な生活環境、教育の欠如や不十分な労働技能、不十分な医療等――です。これらの改善の働きかけと貧困状態にある個人への働きかけとの、双方向の活動が必要だという発見でした。この発見をベースにして今日的なソーシャルワーカーの実践と理論があるのです。

一九四五年という転換期

さて、日本では明治時代からヨーロッパやアメリカで起きたことと同じような生産構造の急激な変化が起こり、構造的に巨大な貧困層を生みだす社会に転化しました。このような社会の変化に伴い、日本においても主として民間の慈善事業家とか社会事業家といわれる人々を中心にして、欧米から学び、ソーシャルワーク実践の考え方や方法が取り入れられるようになりました。大都市のスラムに入り込み、そこに定着して、生活環境全般の改善を試みるセツルメント活動、飢饉《ききん》や自然災害などにより生みだされる孤児の救済、貧困ゆえに犯罪に手を染める青少年に対して生活全般の立て直しを図る拠点をつくる感化教育など、多彩な活動が展開されてきました。

そして一九四五年、日本は世界の主要国を敵にまわした戦争に敗れ、国民全体が飢えに苦しみ、生活全般が疲弊《ひへい》する極めて厳しい経済的生活困難に直面しました。

ソーシャルワーカーの仕事が飛躍的に求められる社会的事態でもありました。それまで生活困窮者への対応は主として民間のソーシャルワーカーや篤志家が担ってきましたが、それだけでは担いきれない、新しい人材を必要とする急激で甚大《じんだい》な量の経済的困《こん》窮《きゆう》者が出現する事態でした。

そこで行政もまた、積極的にソーシャルワーカーの働きを必要とするようになったのです。貧困救済の最前線として福祉事務所が都道府県、市、区に設置され、社会福祉主事と呼ばれる、ソーシャルワーカーの役割を担う地方公務員が配置されるようになりました。また、子どもの福祉や障害のある人々の福祉、老人の福祉等々を担う行政の相談機関も整備されるようになりました。日本の敗戦から十数年の間に、今日の福祉行政の相談の最前線の仕組みの原型ができたのです。

明治期以来、民間の社会事業家たちが培《つちか》ってきた実績とあいまって、一九四五年以降の日本のソーシャルワーカーは、行政の体制が整備されることによって活躍の場が急激に広がりました。

民間であれ行政であれ、これらのソーシャルワーカーの活動の根底を支える理念として、欧米的な理論と実践の方法論とともに、日本国憲法は重要な支柱になりました。特に、日本国憲法によって基本的人権を認めたことと第二十五条の、健康で文化的な最低限度の生活をする国民の権利を認めたことを挙げておきたいと思います。

また、一九四五年以降の日本の社会や経済の動きはそれまでとは比較にならないくらいに激しく変動し、同時に社会のひずみから生じる生活課題も多方面に広がりました。経済的貧困が基底にあるのですが、表面に現れる生活困難な状態は極めて多様でソーシャルワーカーの守備範囲は広がる一方でした。

私がソーシャルワーカーとして現役で働いていた七〇年代、八〇年代をとってみても、それまで対応したことのない児童虐待《ぎゃくたい》や夫による家庭内暴力、すなわち今日でいうドメスティック・バイオレンス（ＤＶ）の当事者に対する支援を手さぐりで行なうようになるという大きな変化がありました。

ソーシャルワーカーが立ち向かう生活課題は、貧困を根本に置いて、実に大きく変化してきているのです。

貧困の多様化

九〇年代から二〇〇〇年代にかけての新しい生活課題をいくつかざっと見てみましょ

う。

以下に述べるような生活課題に巻き込まれた人々は、確実にソーシャルワーカーの手助けを必要としています。ソーシャルワーカーの新しい理論構築と創意工夫の実践が求められている分野です。

貧困の状態というものがきわめて多重的に、そして多様になっています。貧困は単に経済的に貧しいというだけではない、経済的な貧しさの上にさらに教育・生活環境・文化・家族関係や人間関係などの貧しさが重なり生活困難性をいっそう増幅させているのです。

子どもの貧困、女性の貧困などといわれ、新しい対応の仕方が求められています。子どもは適切に保護されて初めて成長していけるのですが、保護されるべき環境そのものが劣悪である時、子どもの多くは社会人になるための成長や発達が阻害され、社会に踏み出していく手前のところでつまずいてしまいます。また、女性は、一人の人間として生きていく上で女性であるがゆえに、社会的に不利益を被る場合が多いのです。特に経済的にダメージを受けやすく、失業、疾病、家族の変化などによって簡単に生活基盤が破壊されてしまいます。

私たちは格差社会の問題にも直面するようになりました。

経済成長の結果、国民の生活は一見豊かになったように見えましたが、豊かな者と貧しい者との格差は拡大しています。一番の問題は、貧しい者が豊かになる途はきわめて狭く、貧しい状態が固定化しているということです。

格差は人々の心に荒廃《こうはい》をもたらすのではないでしょうか。

格差が拡大した社会では、豊かな者はますます自分の生活を盤石《ばんじゃく》なものにすることができますが、貧しい者は生活上昇の機会や力がますます奪われ、負のスパイラルに巻き込まれて自力ではどうすることもできない事態に陥ります。教育、文化、人間関係等の貧しさが複合的に人々の生活を苦しめています。

貧しい人々の貧しさの程度は質的にもゆとりがありませんので、例えば、失業した場合、比較的に短期間に何もかも、文字通り家もなくなってホームレスの状態になり、そこから脱却することは容易ではない事態になります。ホームレスの状態になる以前に対応が必要ですし、ホームレスの状態になってしまったとしても、その直後に手が差し伸べられたなら容易に生活再建できることが分かってきています。

子どもの虐待をはじめとする虐待の問題は、高齢者への虐待、障害者への虐待など順次広がりを見せて社会問題として浮上してきました。とくに子どもの虐待の問題は社会的に取り上げられてきたので随分掘り起こされてきました。その深刻さに人々は驚いています。児童相談所だけでは対応しきれないので、児童相談所のブランチとして、市町村の身近なところに、子ども家庭支援センターなどの相談窓口が設置されるようになりました。老人や障害者への虐待問題は潜在的には沢山あるだろうと予測されていますが、手が着けられたばかりで、対応はまだまだこれからです。

また、子どもということで学校に目を向けた時に、いじめや不登校、引きこもりの問題は深刻です。人生を歩み始めたばかりの若者たちのつまづきは、現時点で深刻であるばかりでなく、彼らが大人になりやがて老人となっていく数十年先の生活を考える時、今のままで放置しておいていいわけがありません。

そして女性への性暴力の問題は、ドメスティック・バイオレンス（DV）に代表されるように多くの人々の目に見えるようになりました。しかし、配偶者《はいぐうしゃ》によるDVの問題は、女性への暴力の氷山の一角にすぎません。婚姻関係の有無にかかわらず、女性が性暴力被害にあった時、その暴力は生活や人生を破壊する威力があります。切実に支援が求められていることが次第に明らかになってきています。

ここでは高齢社会がもたらす生活課題には特に言及しませんが、第2章第3話でもふれたように間違いなくますますソーシャルワーカーの働きを必要とする分野です。

広がるソーシャルワーカーの活動範囲

以上のような新しい生活課題に社会的に対応する担い手の一人に、ソーシャルワーカーがいるのです。新しく認識されてきた生活課題に対して、明確にソーシャルワーカーと名付けられて活動している場合もあります。その代表格のスクール・ソーシャルワーカーを簡単に紹介してこの章を終わりましょう。

職業としてのスクール・ソーシャルワーカーは、八〇年代にアメリカでスクール・ソーシャルワークの理論と実践を学んだ一人の人によって日本に導入され実践されて、紆《う》余曲折《よきょくせつ》を経て今や学校の中に一定の地位を築き、一定の役割を果たすまでになりました。

学校生活で困難を抱えた子どもの課題を解決するために、その子どもに焦点を当てるだけでなく、その子を取り巻く環境、すなわち学校の体制や人間関係、または家庭環境にまで目配りをして支援します。ソーシャルワークの手法が、非常に複雑で錯綜《さくそう》した個人の生活課題に対応していくのに効果的だったのです。

今後もソーシャルワーカーの働きが求められる範囲は拡大する一方でしょう。

愁ひつつ　岡にのぼれば　花いばら（与謝蕪村）

締めくくりの章に辿《たど》り着きました。

愁《うれ》ひつつ岡にのぼれば花いばら　与謝蕪村《よさぶそん》

宮沢賢治の詩で始まったプロローグでしたので、エピローグも私の好きな句を紹介して終わりましょう。

鮮やかな絵画を見ているような色彩的な句です。岡のみどり、いばらの白、初夏の青空、太陽の光、そして風の薫り、そのような中を、愁いを持って歩んでいったというのです。岡をのぼりきったところでぱっとひらけた光景の中に花いばらが楚々《そそ》と咲いていた。花いばらはあでやかではないところがミソで、愁いの気持ちとよく釣り合っています。与謝蕪村が見た花は、多分、のいばらと言われる野生のバラだと思います。初夏の日当たりのいい野原に咲いていています。私が生まれて育った田舎の裏山にもその季節になれば咲いていていました。どこにでもある目立たない花です。

困難に絶望しない楽天性

ソーシャルワーカーの仕事に引き寄せて深読みしてみます。

私が与謝蕪村の俳句に読みとるのは、何気なく、別に誰《だれ》の関心も呼ばず、ひっそりと存在している、もしかしたらとげを持っていてうっかり近寄れば傷つけられるかもしれない、そんな対象へ、限りなく近づこうとする共感の思いです。

人が百人いれば百とおり、千人いれば千とおりの人生があり、要するに人の数だけ人生がありますが、ソーシャルワーカーが対象とするコアとなる人生は、生きる意欲も生きるための手段である社会資源も枯渇《こかつ》・欠乏しているかに見える人生です。そのような人生を生きている人に、あなたの場合は、こんな社会制度を、あんな社会資源を利用すれば、あなた自身がこんなふうに変われれば、もうちょっと生きやすくなれるかもしれない、私と一緒にもう一度試してみましょう、と呼びかけます。

基本的に、ソーシャルワーカーは困難な事態に絶望してはなりません。ソーシャルワーカーが絶望してしまったら、ワーカーの支援を必要としている、本当に絶望している人々は何に望みを託せばいいのでしょう。ソーシャルワーカーの本分は真っ暗闇の中にも光を、絶望の中にも希望を、見出す作業にあります。暗闇に閉ざされている人の中に一抹《いちまつ》の光を見出す手立てを講じ、よりよく生きてみようと希望を抱かせるのが本分です。この意味でソーシャルワーカーは楽天的であらねばなりません。光や希望は必ず見つけ出せるという楽天性です。

この楽天性は、根拠のないものではなくてそのワーカーの思想性や倫理性に裏打ちされて出てくるものだと思います。つまり人間の可能性に対する限りない信頼と尊敬の念です。二〇世紀初頭にソーシャルワーク実践の理論的基礎を築いたメアリー・リッチモンドという人は、ソーシャルワーカーの資質として、次のような問いを発しています。

「自分とは似ても似つかない人格を持った人を尊敬できるか」……と。

至難《しなん》の業《わざ》ではありますが必要なことです。なぜなら、個人としては決してお付き合いしたくない、いうならば性格の合わない人とも歩みを共にすることがある。そういう職業ですから。出会った最初は、何だ、この人は？　と思っても、付き合ううちにその人の良さが見えてくるから不思議です。

さて、ソーシャルワーカーは、野放図《のほうず》なものではなく思想性や倫理性に裏打ちされた楽天性を持ち合わせなければ、と言いました。その楽天性から導き出されてくるものは、人の悲しみや絶望に対する共感の思いです。ワーカーの憂いは、そこにこそあります。自分自身の私的な憂いではなく、職業的に関わる他者の状況への、職業的な憂いです。ソーシャルワーカーとして憂うべきことは、個別のその人の小状況であり、個別のその人の苦しみや悲しみを生み出す家庭や学校、社会の大状況についてです。そして憂うべきことは山積しています。

人の心の機微に敏感で柔軟な落ち着きと勇気と賢さ

ソーシャルワーカーが楽天的であるためには、図太い神経と繊細な感性が必要です。さまざまに混乱した事態や修羅場《しゅらば》にも遭遇《そうぐう》しますが、そのような場面でうろたえてしまったら、もともとうろたえて相談に駆け込んだ人はどうしたらいいのでしょう。めったなことでは動じない図太い神経が必要です。図太い神経を獲得するにはやはり時間が必要です。経験と試行錯誤、失敗と観察、思索、洞察《どうさつ》を重ねて獲得していく資質です。

冤罪《えんざい》で獄につながれ処刑を待つ身のスコラ哲学の神学者ボエティウスが残したと言われる、有名なことばがあります。今ではこのことばは、アルコール依存症の人々のつどいの時に、皆で手をつなぎ輪になってできるだけ心を鎮めて、〝平安の祈り〟として唱えます。

神様、お与えください。
変えられないものを受け入れる落ち着きを
変えられるものを変える勇気を
そして、
この二つを見分ける賢さを

ソーシャルワーカーには、人の心の機微《きび》に敏感で柔軟な落ち着きと勇気と賢さと、そのベースとなる感性が求められていると思います。

人生や生活に苦しんで相談に来る人々の中には、非常に攻撃的で感謝などしてくれない人々も少なくありません。それどころか、ワーカーの心を傷つけることに長《た》けている人もいます。世間一般では、そこでケンカになり人間関係が破綻《はたん》します。そのような人はそれまでさんざん人を攻撃することで自分を保ち、従って自分を豊かにするような人間関係を築けずに、より困難な状況に陥る負のスパイラルの中にいる場合があります。

攻撃され、傷つけられる側から言えば、そんな人とは付き合いたくないし、人間関係が破綻するのは当たり前の話です。しかし、なぜその人は他者を攻撃せずにはいられないのか、せっかくできそうになった人間関係を破壊せずにいられないのか、気持ちの奥深い機微を考える時、単純に叱《しか》って済む問題ではなさそうです。

普通には理解しがたい言動をする人々を前にした時、一歩立ち止まって、一呼吸おいて、その攻撃性や破壊性の裏に何が潜んでいるか感じ取る感性が必要になると思うのです。

しばしば、実際は逆で、人の気持ちに対しては鈍感、自分のことでは敏感ですぐに傷つく場合が多いのではないでしょうか。

自分自身が豊かであること

与謝蕪村の俳句に戻って、ソーシャルワーカーに必要な資質をもう一つ読み取りたいと思います。

それはひそかなものにも美を感じる感性です。

七〇年代に一世を風靡《ふうび》した杉山登志《すぎやまとし》という有名なコピーライターがいました。彼は、〝リッチでないのにリッチな世界などわかりません〟という内容の遺書を残して自死しました。物理的にリッチであったかどうか知りませんが、少なくとも、リッチなコピーを創るためには、気持ちはリッチ、豊かでなければ、満たされていなければならないということでしょう。自分自身が満たされていなければ、自分自身が豊かでなければ、人への思いは豊かに膨《ふく》らみません。自殺したコピーライターの言うとおりだと思います。

第1章の冒頭で、医者は他者の命に向き合う、ソーシャルワーカーは他者の人生に向き合うということを言いました。他者の命と向き合うということは、その病いの病理と治療法を見極めること、つまり診断し治療することです。そして、医学は命を救うための知見や技術を数千年の歴史の中で蓄積してきています。

一方、他者の人生に向き合うということはどのようなことでしょうか。

何よりも求められることはまずその人生を理解することです。しかし、医者が病理を理解するように他者の人生のありようをどこまで理解できるのでしょうか。恐らく、限りなく理解し、その人に近づこうとすることはできても、本当にその人やその人の人生を理解することなどできません。その人にだって自分のことなど本当には分かっていないのに、他人である私にその人のことを理解などできません。それなのに、ソーシャルワーカーは他者の人生に介入し、あらゆる社会資源や社会制度の機能を駆使し、能《あた》う限りその人の生活状況や来《こ》し方を理解して、その人に合った生活再建をし、よりよく生きることを支えようとするのです。

ソーシャルワーカーの営みは、どれだけ限りなくその人に近づき得るかにあると思います。限りなさの程度というか限界は、ソーシャルワーカーがどれだけその人の人生を追体験できるか、どれだけ豊かに想像できるかにあると思います。出会った人から直接的に学びとると同時に人類が歴史的に蓄積してきた文学、音楽、芸術、歴史、哲学等々、人間を理解するための様々な遺産からどれだけ学びとっているかにも、かかっていると思うのです。

できるだけ分かろうとすること

私は死を体験したことがありません。死の恐怖を体験したことがありません。他者を殺したいと思うほどの憎しみを抱いたことがありません。飢えることの恐ろしさを体験したことがありません。毎日毎日いじめられる苦しみを体験したことがありません。マチ金の取り立ての恐怖を味わったことがありません。性関係を持ちたくもない異性に、性を売らなければ生きていけない屈辱を味わったことがありません。私の前に現れる多くの人たちが味わい、それから逃れたいと切望する多くの事柄について身をもって体験したことがありません。要するに私の前に現れる相談者が体験しているような人生の辛酸《しんさん》を知りません。

その人の味わっている辛《つら》さ、悲しみ、苦しみなど、何一つ本当には分かりません。できることは、限りなく分かろうとすることだけです。できるだけ分かろうとするソーシャルワーカーのこの営みは、目の前に現れる相談者から学び取ることによって支えられ、人類が蓄積してきた知によって支えられていると思います。

与謝蕪村は晴れやかな初夏の薫りの中に、一見取るに足らないように見える野に咲くいばらの白い花の美しさを見出しました。与謝蕪村のこの感性に導かれて、後世の私たちは一幅《いっぷく》のことばの絵画を楽しむことができます。

この本を読んで、もしソーシャルワーカーになりたいと考えたのなら、それは私にとってとても嬉《うれ》しいことです。そして、そのように考える方には、将来、あなたの前に立ち現れるだろう人、より良く生きる意欲もなければより良く生きる手段も持たない人々の中に、人間的な美しさを見出してほしいと願います。

ソーシャルワーカーとして、憂いつつ岡にのぼり、そこに花いばらを見つけてほしい。見つけたものは一見、取るにたらないように見えるかもしれない、華やかでもないかもしれない、とげを持っているかもしれない。

しかし、野に咲く花は命の根源です。

若い皆さんがソーシャルワーカーを目指し、ソーシャルワーカーとして成長するのを待っている人々が確実にいます。

イラスト　mizzy

104
環境問題の基本のキホン
――物質とエネルギー
志村史夫
科学的根拠があるとは思えない「地球温暖化」などの環境問題。真の解決のためには、政治的、経済的にではなく、〈科学的に〉考えよう。文系でもわかる入門書。

112
宇宙がよろこぶ生命論
長沼毅
「宇宙生命よ、応答せよ」。数億光年のスケールから粒子の微細な世界まで、とことん「生命」を追いかける知的な宇宙旅行に案内しよう。宇宙論と生命論の幸福な融合。

138
野生動物への2つの視点
――〝虫の目〟と〝鳥の目〟
高槻成紀
南正人
野生動物の絶滅を防ぐには、観察する「虫の目」と、生物界のバランスを考える「鳥の目」が必要だ。〝かわいそう＝保護する〟から一歩ふみこんで考えてみませんか？

155
生態系は誰のため？
花里孝幸
湖の水質浄化で魚が減るのはなぜ？　湖沼のプランクトンを観察してきた著者が、生態系・生物多様性についての現代人の偏った常識を覆す。生態系の「真実」！

178
環境負債
――次世代にこれ以上ツケを回さないために
井田徹治
今の大人は次世代に環境破壊のツケを回している。雪だるま式に増える負債の全容とそれに対する取り組みがこの一冊でざっくりわかり、今後何をすべきか見えてくる。

ちくまプリマー新書

100
経済学はこう考える
根井雅弘

なぜ経済学を学ぶのか？「冷静な頭脳と温かい心」「豊富のなかの貧困」など、経済学者らは様々な名言を残してきた。彼らの苦闘のあとを辿り、経済学の魅力に迫る。

126
就活のまえに
――良い仕事、良い職場とは？
中沢孝夫

世の中には無数の仕事と職場がある。その中から、何を選ぶのか。就職情報誌や企業のホームページに惑わされず、働くことの意味を考える、就活一歩前の道案内。

172
20世紀をつくった経済学
――シュンペーター、ハイエク、ケインズ
根井雅弘

20世紀を作ったと言われる経済学者たちは何をどう考えたのだろう。その苦闘した跡を辿りながら、21世紀を生きる私たちに向け資本主義の本質を問い直す。

179
宇宙就職案内
林公代

生活圏は上空三六〇〇〇キロまで広がった。宇宙が職場なのは宇宙飛行士や天文学者ばかりじゃない！　可能性無限大の、仕事場・ビジネスの場としての宇宙を紹介。

180
金融がやっていること
永野良佑

おカネや、株式、債券の本質から、銀行、保険会社、証券会社など各金融機関の役割、さらには金融への正しい向き合い方まで。この一冊で金融の基礎が全部わかる！

ちくまプリマー新書

079
友だち幻想
——人と人の〈つながり〉を考える
菅野仁
「みんな仲良く」という理念、「私を丸ごと受け入れてくれる人がきっといる」という幻想の中に真の親しさは得られない。人間関係を根本から見直す、実用的社会学の本。

132
地雷処理という仕事
——カンボジアの村の復興記
高山良二
カンボジアで村人と共に地雷処理をするかたわら、村の自立を目指し地域復興に奔走する日本人がいる。現地から送る苦難と喜びのドキュメント。〈天童荒太氏、推薦〉

136
高校生からのゲーム理論
松井彰彦
ゲーム理論とは人と人とのつながりに根ざした学問である——環境問題、いじめ、三国志など多様なテーマからその本質に迫る、ゲーム理論的に考えるための入門書。

143
国際貢献のウソ
伊勢﨑賢治
国際NGO・国連・政府を30年渡り歩いて痛感した「国際貢献」の美名のもとのウソやデタラメとは。思い込みを解いて現実を知り、国際情勢を判断する力をつけよう。

154
東南アジアを学ぼう
——「メコン圏」入門
柿崎一郎
〝メコン圏〟構想のもとで交通路が整備され、国境を越えた人やモノの動きが増加する東南アジア。「戦場」から「市場」へとダイナミックに変化する姿を見にゆく。

ちくまプリマー新書

169
「しがらみ」を科学する
——高校生からの社会心理学入門
山岸俊男
社会とは、私たちの心が作り出す「しがらみ」だ。「空気」を生む社会そのものの構造を解き明かし、自由に生きる道を考える。KYなんてこわくない！

002
先生はえらい
内田樹
「先生はえらい」のです。たとえ何ひとつ教えてくれなくても。「えらい」と思いさえすれば学びの道はひらかれる。——だれもが幸福になれる、常識やぶりの教育論。

105
あなたの勉強法はどこがいけないのか？
西林克彦
勉強ができない理由を、「能力」のせいにしていませんか？「できる」人の「知識のしくみ」が自分のものになる方法を、認知心理学から、やさしくアドバイスします。

134
教育幻想
——クールティーチャー宣言
菅野仁
学校は「立派な人」ではなく「社会に適応できる人」を育てる場。理想も現実もこと教育となると極端に考えがち。問題を「分けて」考え、「よりマシな」道筋を探る。

181
翻訳教室
——はじめの一歩
鴻巣友季子
「嵐が丘」の古典新訳で知られる著者が翻訳の極意を伝授。原文に何を読み、それをどう表現するか。NHK「課外授業　ようこそ先輩」の授業を題材にした感動の翻訳論。

ちくまプリマー新書

182 外国語をはじめる前に　黒田龍之助

何度チャレンジしても挫折してしまう外国語学習。その原因は語学をはじめる前の準備がたりなかったから。文法、発音から留学、仕事まで知っておきたい最初の一冊。

183 生きづらさはどこから来るか ――進化心理学で考える　石川幹人

現代の私たちの中に残る、狩猟採集時代の心。環境に適応しようとして齟齬をきたす時「生きづらさ」となって表れる。進化心理学で解く「生きづらさ」の秘密。

184 イスラームから世界を見る　内藤正典

誤解や偏見とともに語られがちなイスラーム。その本当の姿をイスラーム世界の内側から解き明かす。イスラームの「いま」を知り、「これから」を考えるための一冊。

185 地域を豊かにする働き方 ――被災地復興から見えてきたこと　関満博

大量生産・大量消費・大量廃棄で疲弊した地域社会に、私たちは新しいモデルを作り出せるのか。地域産業の発展に身を捧げ、被災地の現場を渡り歩いた著者が語る。

186 コミュニケーションを学ぶ　高田明典

コミュニケーションは学んで至る「技術」である。状況や目的、相手を考慮した各種テクニックを解説し、スキルを身につけ精神を理解するための実践的入門書。

ちくまプリマー新書

187 **はじまりの数学** 野﨑昭弘

なぜ数学を学ばなければいけないのか。その経緯を人類史から問い直し、現代数学の三つの武器を明らかにして、その使い方をやさしく楽しく伝授する。壮大な入門書。

188 **女子のキャリア ――〈男社会〉のしくみ、教えます** 海老原嗣生

女性が働きやすい会社かどう見極める？ 長く働き続けるためにどう立ち回ればいい？ 知って欲しい企業の現実と、今後の見通しを「雇用のカリスマ」が伝授する。

189 **ぼくらの中の発達障害** 青木省三

自閉症、アスペルガー症候群……発達障害とはどんなもの？ 原因や特徴、対処法などを理解すれば、障害を持つ人も持たない人も多様に生きられる世界が開けてくる。

190 **虹の西洋美術史** 岡田温司

出現の不思議さや美しい姿から、古代より思想・科学・芸術・文学のテーマとなってきた虹。西洋美術でその虹がどのように捉えられ描かれてきたのかを読み解く。

191 **ことばの発達の謎を解く** 今井むつみ

単語も文法も知らない赤ちゃんが、なぜ母語を使いこなせるようになるのか。発達心理学、認知科学の視点から、思考の道具であることばを獲得するプロセスを描く。

chikuma primer shinsho

ちくまプリマー新書 192

ソーシャルワーカーという仕事《しごと》

二〇一三年二月十日　初版第一刷発行
二〇一九年二月十日　初版第八刷発行

著者　宮本節子（みやもと・せつこ）

装幀　クラフト・エヴィング商會
発行者　喜入冬子
発行所　株式会社筑摩書房
東京都台東区蔵前二‐五‐三　〒一一一‐八七五五
電話番号　〇三‐五六八七‐二六〇一（代表）

印刷・製本　株式会社精興社

ISBN978-4-480-68894-1　C0236　Printed in Japan